HISTORIA DE CHINA, A MI MANERA

Saga: Reflexiones sobre la Historia, a mi manera

José Antonio Torrealday Llona

HISTORIA DE CHINA, A MI MANERA

Saga "Reflexiones sobre la Historia, a mi manera

Primera edición: 2024

ISBN: 978-84-1373-370-8
© 2024 José Antonio Torrealday Llona
Editorial: BoD · Books on Demand, Calle de Manzanares, 4, 28005 Madrid, bod@bod.com.es
Impresión: Libri Plureos GmbH, Friedensallee 273, 22763 Hamburg (Alemania)

Este ensayo está escrito para mis nietos:
Alain, Ainara, Naia, Malen e Ibai

Espero que me recuerden como un abuelo curioso y emprendedor, preocupado por ellos y entusiasmado por sus logros en la vida.

Desde el más allá les recuerdo que la frase más maravillosa que he escuchado y leído a lo largo de mi vida ha sido ésta que se atribuye a Confucio:

"Haz por los demás lo que quisieras que ellos hicieran por ti"

HISTORIA DE CHINA, A MI MANERA

CHINA, un estudio a mi manera

INTRODUCCIÓN: ¿Por qué hablamos de China?

I.- BREVE HISTORIA DE CHINA

1.- Paleolítico
2.- Neolítico
3.- Culturas previas
4.- Edad Antigua
5.- Era Imperial
6.- Era Moderna

7.- República Popular China (1949 a 2012)
    7.1.- La era de Mao Zedong (1949 -1976)
    7.2.- Deng Xiaoping (1978 – 1989) y la 2ª Revolución china
        7.2.1.- La segunda revolución china
        7.2.2.- El cambio económico
        7.2.3.- Administración confuciana
        7.2.4.- Adaptación subvencionada al neoliberalismo
        7.2.5.- Deng: Socialismo con peculiaridades chinas
    7.3.- Jiang Zemin y la tercera generación (1989 – 2002)
    7.4.- Hu Jintao y la cuarta generación (2002 - 2012)

INTRODUCCIÓN

¿Por qué hablamos sobre CHINA?

China es una gran desconocida para nosotros, los occidentales. Los chinos han conseguido en cuarenta años que más de mil millones de personas hayan pasado de la extrema pobreza y de una economía de supervivencia a un nivel y calidad de vida cercana a la de los países más avanzados, de una economía agrícola a encabezar los adelantos tecnológicos más sobresalientes del siglo XXI.

¿Cómo ha sido ello posible? ¿Qué tenemos que aprender nosotros de ellos?

Si no inclinamos la cabeza con humildad y reconocemos el inmenso mérito de "las mujeres y los hombres chinos" para conseguir su "milagro económico y social", seremos merecedores de pasar a la historia próxima como estúpidos y arrogantes.

Estamos demasiado acostumbrados a mirarnos al ombligo y a pensar, de forma unilateral y sin contrapeso alguno, que somos los mejores, los más listos e inteligentes, los más guapos y los más en todo. Y nada de ello es verdad porque ninguna de esas afirmaciones tiene el mínimo de veracidad ni el mínimo de sentido.

Somos en todo caso "los más desteñidos", tal como nos lo recuerdan con razón nuestros vecinos de África, a causa de nuestra mayor cercanía al círculo polar ártico.

Todos somos hijos de la misma abuela, una mujer africana muy morena que quizás bajó de los árboles hace varios millones de años y que, en todo caso, era descendiente de animales arborícolas. Sus descendientes se repartieron por todo el mundo y se fueron adaptando a los distintos climas, generándose leves diferencias morfológicas aparentes.

Pero los seres humanos siguieron siendo "Homo Sapiens" y nada más ni nada menos que "Homo Sapiens", aunque el 99,99% de todos ellos se dejó el apellido "sapiens" en el camino de la vida y se dejó dominar, clasificar, esclavizar y conducir por el 0,01% restante en su exclusivo beneficio a lo largo de toda la historia. Nunca hemos perdido el citado apellido "sapiens", pero tampoco lo hemos sabido utilizar, salvo unos pocos de entre nosotros para dominar a todos los demás.

Nos creemos inteligentes y no sabemos utilizar nuestras capacidades, porque ni nos conocemos a nosotros mismos ni nos esforzamos en conocer a cuantos en esta tierra tienen las mismas capacidades y tendencias. Y hemos de empezar por reflexionar sobre nosotros mismos, sobre las leyes a las que siempre los "Homo Sapiens" hemos estado sujetos.

Según mi criterio, todos los seres humanos, los americanos, los africanos, los asiáticos, los europeos y los de Oceanía estamos sujetos a unas Leyes de la Naturaleza Humana, que vienen a explicar, que no justificar, la historia de la humanidad e incluso la situación actual de nuestra especie, y que se reducen a tres:

Primera: La Ley de la Supervivencia, ley común a todas las especies vegetales y animales de la tierra, ya que aquellas que no se gestionaron por dicha ley, hace mucho tiempo que desaparecieron.

La Ley de la Supervivencia obliga a todos los seres vivos a adaptarse permanentemente para seguir formando parte del planeta tierra y el precio altísimo que hemos de pagar por ello todos, animales y plantas, es el EGOÍSMO innato a todas las especies.

El ser humano ha sobrevivido gracias al egoísmo, que ha priorizado el "YO" sobre cualquier otro concepto en todos los momentos de su vida. Y esa misma Ley de la Supervivencia amplia el concepto "YO" al concepto "MI FAMILIA" como vía imprescindible para seguir existiendo como especie.

A partir del egoísmo del "YO", el ser humano ha creado la siguiente escala de egoísmos:

Primero: "Yo". Y para conjugar el "YO" nadie más hace falta.

Segundo: "Mi familia", que requiere al menos otra persona de distinto género con capacidad de reproducción.

Tercero: "Mi clan", para defenderme de otros clanes y de cualquier otro peligro

Cuarto: "Mi tribu", que supone apoyo mutuo y convivencia para conseguir objetivos de ataque y/o defensa. El ser humano, como animal socializado, se apoya en otros seres humanos. Aparecen los líderes.

Pero los seres humanos nunca hemos sido capaces de convertir la suma de egoísmos en altruismo, salvo quizás en el "milagro chino" de los últimos 40 años. En la Historia del Homo Sapiens podemos comprobar que "la tolerancia con el otro", el entendimiento con el otro nunca ha sido una característica propia, salvo que, temporalmente, ello acarreara beneficios o evitara perjuicios.
Es la primera gran lección que hemos de tener siempre muy presente a la hora de mirarnos al espejo.

Segunda: La Ley de la fuerza, también común a todas las especies vivas de la naturaleza que, para sobrevivir, han aprendido a usar y abusar de la fuerza en sus diversas formas.

La fuerza se relaciona casi siempre con el tamaño, pero también hay que entenderla como habilidad o astucia de los seres vivos para adaptarse al propio terreno en el que están, para aprender a luchar en grupo y para saber utilizar las tendencias, capacidades e inteligencias ajenas en su propio beneficio.

Esta segunda ley ha sido aplicada por el Homo Sapiens, ya sea de forma individual o colectiva, desde los primeros tiempos de su existencia, al principio para cazar o evitar ser cazado y posteriormente para imponer la voluntad de unos pocos Homo Sapiens al mayor número posible de seres de su misma especie. La historia de la humanidad es un vivo reflejo de esta ley:

- El más fuerte domina a los demás
- El hombre domina a la mujer
- El más fuerte hace las leyes para su propio provecho
- El débil (el 999 por 1000) acepta las normas de juego, porque se ha acostumbrado al gregarismo, se ha acostumbrado a ceder su libertad y sus derechos y a aceptar su minoría de edad permanente a cambio de una seguridad y protección ofrecidas por el poderoso de turno y que siempre se han transformado en dominio y abuso.

Hoy día, en el siglo XXI, las normas de juego de la Ley de la Fuerza no han cambiado en el fondo y son los más fuertes quienes siguen imponiéndose a todos los demás, pero si en las formas, ya que la fuerza se manifiesta con mucha mayor complejidad por ser la propia sociedad cada vez más compleja. Donde mejor se percibe esta Ley de la Fuerza a lo largo de nuestra historia común como Homo Sapiens es en el sometimiento de la mujer al hombre.

Esta situación solamente desde hace muy poco tiempo está cambiando de manera perceptible, es decir, desde mediados del siglo XIX hasta nuestros días, mediante la modificación de los antiguos roles masculino y femenino en las sociedades occidentales y orientales, aunque todavía mucho menos en las musulmanas. Este debe ser nuestro argumento más sólido hacia cambios mentales y psicológicos en nuestra especie, orientándolos hacia la comprensión y aplicación de nuestra UTOPÍA:

"IGUALES EN LO DIFERENTE: SOMOS UNO" "UNIVERSALIDAD".

La mujer es la nueva protagonista del cambio en la especie humana, aunque aún habrá muchos hombres que se resistirán y no se lo pondrán fácil, ya que a ningún Homo Sapiens le gusta perder privilegios mantenidos durante tantos miles de años. Los que realmente debemos cambiar somos nosotros, los hombres.

Tercera: La Ley de la Insatisfacción Permanente, la única ley exclusivamente humana, fruto del aumento de nuestra capacidad cerebral con respecto a las demás especies, no aptas para desarrollarla.

Solamente el Homo Sapiens puede ser plenamente consciente de su propia naturaleza, de sus tendencias y capacidades innatas, de sus limitaciones como ser vivo y, sobre todo, de que un día ha de morir. Esta inteligencia superior es la que ha hecho posible que un homínido que bajó de los árboles hace quizás 4 o 6 millones de años, se haya convertido en la especie dominante entre todas las especies vivas de la tierra, ambición siempre presente en la mente del ser humano.

Pero también esta tercera ley es la responsable, junto a las dos primeras, del surgimiento en la mente humana de unas tendencias y capacidades que han hecho de nuestra historia común, como especie singular, una cadena permanente de guerras, crueldad, abusos, maldad, daño gratuito, etc. y también de avances y progreso permanente desde la ignorancia absoluta hasta la actual situación mundial.

El Homo Sapiens es un animal insatisfecho, incapaz de satisfacer unas necesidades sin ver cómo otras aparecen y cogen tanta fuerza que le impulsan a intentar alcanzarlas y a seguir insatisfecho. El ser humano es, esencialmente, un descontento porque desea siempre tener más de lo que en cada momento posee, porque desea lo que el otro tiene, porque siempre se crea nuevas necesidades a medida que alcanza las que ayer deseaba. Cuando hablamos de personas insatisfechas, hablamos de todos, porque todos lo somos.

Y, sin embargo, en China parecen haber modificado estas leyes de la naturaleza humana priorizando el bien del pueblo, aunque manteniendo el control político y social férreo y total. Con esta mentalidad abierta y admirativa hacia el pueblo chino me he animado a analizar su evolución, a contrastar opiniones, a buscar las razones de su evolución fabulosa de los últimos 40 años, a mirar con orgullo que los seres humanos, los "Homo Sapiens" somos capaces de creer en los demás, de apoyar a los demás y de trabajar por el bien de todos.

China ha sabido aprovechar lo mejor del sistema capitalista y lo mejor del sistema político autocrático para conseguir que la, hasta hace poco, nación más poblada del mundo haya alcanzado unas cotas de calidad social y económica sobresalientes.

"Primum vivere, deinde filosofare"

Es importante conocer la filosofía confuciana aplicada en la administración de los últimos 40 años y aprender lo mucho que de ellos debemos aprender.

I.- HISTORIA DE CHINA

1.- Paleolítico: El Homo Sapiens aparece hace unos 40.000 años y hace unos 10.000 años se empieza a cultivar el arroz en el Yangtsé y mijo en la provincia de Henan. En el octavo milenio a.C. aparecieron poblados agrícolas y un milenio más tarde comenzaría la domesticación de animales, como el perro y se incorporan productos como frutos secos y cereales. En el Paleolítico tardío (17.000 a.C.) aparece la cerámica cocida a baja temperatura.

2.- Neolítico: Entre el 7.000 y el 5.000a.C. se mejoran las técnicas agrícolas, pero hay que esperar al Neolítico medio y tardío (5.000 al 2.000 a.C.) para el desarrollo total de las aldeas agrícolas sedentarias, aumentando la población y la complejidad social.

3.- Culturas previas

3.1.- Cultura Liangzhu (3400-2000 a.C.): Se concentra en el área del lago TAI. Abundan los objetos de jade colocados en entierros que denotan una sociedad compleja y supone el inicio de la Era del Bronce en China. En el segundo milenio a.C. el pueblo de Huaxia promueve la preparación de los alimentos, el matrimonio y un sistema de gobierno que amplía la complejidad social.

3.2.- Cultura Longsham (3000-1900 a.C.): Próxima al curso medio y bajo del Río Amarillo. Durante el tercer milenio la agricultura intensiva crece al igual que los pueblos y ciudades. Fue el centro de producción artesanal y contó con el observatorio astronómico más antiguo de Asia (4100 años de antigüedad).

4.- Edad Antigua

4.1.- Dinastía Xia (aprox. 2070-1600 a.C.): Está considerada la primera Dinastía en la historia china. Fueron 17 reyes y estuvo precedida por el período legendario de los tres dioses y cinco emperadores.

4.2.- Dinastía Shang (aprox. 1600-1046 a.C.): También conocida como existencia histórica está documentada.

4.3.- Dinastía Zhou (1046-256 a.C.): En esta época vivieron los grandes pensadores chinos de la antigüedad como Confucio y se inició la literatura china clásica. En el período de las Primaveras y Otoños (771-476 a.C.) el poder se descentralizó. Este período estuvo plagado de batallas y anexiones de unos 170 pequeños Estados. El lento progreso de la nobleza animó la libertad de pensamiento y el avance tecnológico.

4.4.- Período de los Reinos Combatientes (476-221 a.C.): Acabó en la unificación de China por la Dinastía Qin en 221 a.C. Normalmente es considerada como la segunda parte de la dinastía Zhou oriental, aunque el rey actuase meramente como un emperador títere.

5.- Era Imperial

5.1.- Dinastía Qin (221-206 a.C.): Hoy los chinos lo llaman con más frecuencia como "Qin Shi Huang" (Primer Emperador Qin). Con él surge por primera vez en la historia un Estado chino fuerte centralizado y unificado. Se llevó a cabo una labor intensa de unificación de normas: las pesas y medidas, así como el sistema de escritura. Se ordenó la quema de los libros no ajustados al modelo religioso y social del nuevo imperio y se construyeron enormes palacios en Xianyang para convertir a los antiguos enemigos en cortesanos; se unificó la Gran Muralla y se inició la construcción del mausoleo donde hoy se han encontrado los

Guerreros de Terracota. Su crueldad y los numerosos trabajos exigidos al pueblo sembraron el descontento y los rebeldes arrasaron la capital y acabaron la dinastía.

5.2.- Dinastía Han (206 a.C. hasta 220 d.C.): China prosperó con rapidez: la agricultura, la industria y el comercio florecieron. Se inauguró la Ruta de la Seda y se inventa el papel (lo que ayuda a promover la educación), el sismógrafo y numerosas técnicas nuevas que revolucionaron el país. Hubo pequeñas revoluciones en diversas zonas por el descontento de la gente.

Se divide en dos períodos y un "usurpador":
- Los Han occidentales: fue un período de prosperidad económica y cultural que derrotó al pueblo nómada Xiongnu y abrió rutas comerciales como la Ruta de la Seda e hizo posible el budismo en China.
- El "usurpador" por excelencia de la historia china Wang Mang que instauró la dinastía Xin e intentó organizar un Estado basado en el pensamiento confuciano
- Los Han Orientales, con control menos efectivo.

5.3.- Período de los Tres Reinos (220-280 d.C.): China quedó dividida en tres reinos que se disputaban la legitimidad de la continuidad de los Han.

5.4.- Dinastía Jin (266-420): La reunificación de China se produjo bajo la dinastía Jin en dos etapas:
1.- Los Jin Occidentales: (266-316): En el 266 se instauró la dinastía Jin y para el 280 reunificaron todo el antiguo imperio Han. Pero los pueblos nómadas del norte empezaron a penetrar y conquistaron ciudades y la dinastía Jin se trasladó al sur. El norte se dividió en 16 reinos.

2.- Los Jin Orientales (316-420): se instaló en Jiankang donde siguió gobernando hasta el 420.

5.5.- Dinastías Meridionales y Septentrionales (420-589): Otro pueblo de etnia no china, los tuoba, unificaron el norte y proclamaron la dinastía Wei del Norte el año 440, quedando solo dos Estados en China.

5.6.- Dinastía Sui (581-618): Un general del ejército se hizo con el poder e inició la nueva dinastía y el año 589 derrotó a la débil dinastía Chen del sur reunificando China. Se consolidó el poder central, se construyó el Gran Canal y se amplió la Gran Muralla. Elk emperador Sui moría asesinado el año 617.

5.7.- Dinastía Tang (618-907): El militar Li Yuan asumió el poder y se acude al asesinato entre hermanos y herederos hasta que en el 649 la concubina del emperador y de su hijo se convierte en la Emperatriz WU, quien patrocinó el budismo y las formas que legitimaban su poder.

El año 705, con más de 80 años, fue derrocada por uno de sus hijos y la época fue de gran esplendor cultural.

El año 755 hubo una rebelión que sacudiría los cimientos del Estado chino y, aunque fue sofocada el año 763, el modelo de Estado centralizado se vino abajo y no volvería a existir un Estado fuerte y centralizado hasta la llegada de Mao en el siglo XX.

5.8.- Período de las 5 Dinastías y los 10 Reinos (907-960): Se inicia una etapa de inestabilidad. Los kitanes de Manchuria y los Shato de Tibet impusieron sus gobiernos y costumbres, residiendo su valor en su poderío militar en vez de en la razón y La fuerza de la cultura.

5.9.- Dinastía Song (960-1279): Esta dinastía consiguió reunificar gran parte de China. Se produce un gran desarrollo del comercio y se generaliza el uso del dinero. Tres pueblos de etnia no china se sucedieron en China: en el noreste los Kitan, en el noroeste los tangut y la dinastía Jin que llegaría a dominar el norte de China.

El período se divide en dos:
- Song del Norte: hasta 1127 cuando son expulsados por los Jin
- Song del Sur: que nunca pudieron hacer frente a los pueblos altaicos.

La dinastía finalizó con la llegada de los mongoles.

5.10.- Dinastía Yuan (1271-1368): Los mongoles bajo el liderazgo de Gengis Kan y de su hijo Ogodei derrotaron a los Jin en 1234. El año 1271 el gran Kan Kublai fundo una dinastía al estilo chino, bajo el nombre de Yuan, con capital en Pekín. Kublai Kan derrotó definitivamente a la dinastía Song en la batalla de Yamen en 1279.

5.11.- Dinastía Ming (1368-1644): El desorden social del final de la dinastía Yuan provocó numerosas rebeliones contra los mongoles. Un líder rebelde de origen humilde funda la dinastía Ming. Durante esta época el papel moneda cae en desuso y se empieza a utilizar la plata. A pesar de estar prohibido el comercio con extranjeros surgen numerosos contactos comerciales con Japón, portugueses instalados en Macao desde mediados del siglo XVI y con españoles que transportan plata de América a Filipinas.

5.12.- Dinantía Qing (1644-1912): A partir de la década de 1630 la dinastía Ming se ve sumida en hambrunas, crisis políticas y económicas que conducen a varias rebeliones contra los Ming. El general manchú Dorgon invaden China y declaran a su líder Shunzhi como primer emperador de la dinastía Qing. Los Qing siempre han sido considerados como una dinastía extranjera. Impusieron una serie de reformas sociales destinadas a garantizar su propia superioridad frente a la de los chinos. Practicaron una política de discriminación contra los chinos a los que prohibieron servir en el ejército regular y ser funcionarios, impusieron su estilo de peinado y su forma de vestir al pueblo chino.

Durante los siglos XVII y XVIII hubo una etapa de gran prosperidad económica y cultural y una gran estabilidad interna, apoyando los intereses del campesinado y permitiendo una expansión comercial interna y externa. En el siglo XVIII la población de China se triplicó hasta constituir un tercio de la población mundial.

A finales del siglo XVIII comienza a dar señales de agotamiento y el comercio con Occidente genera tensiones internas y externas por disputas comerciales. Ello da lugar a la Primera Guerra del Opio con el Reino Unido entre 1839 y 1842 y la Segunda entre 1856 y 1860 contra una alianza franco´británica, con un resultado por el que China cede los derechos comerciales y de navegación a las potencias occidentales.

La poderosa emperatriz CIXI consigue estabilizar China, pero se muestra reacia a modernizar China y continúan los conflictos con los occidentales y con Japón (1894-5). Tras la derrota, China reconoce la independencia de Corea y cede Taiwan a Japón. En 1899 estalla el levantamiento de los boxers xenófobos apoyados por CIXI, pero son derrotados en 1900 por la Alianza de las Ocho Naciones. Al morir CIXI en 1908 se manifiestan diversos movimientos revolucionarios que piden la formación de una República

6.- Era Moderna

6.1.- República de China (desde 1912)

El 10.10.1911 se produce el Levantamiento de Wuchang contra la Dinastía Qing, que provoca la rebelión de Xinhai que derroca la dinastía , dando fin al período conocido como "antigua China".

El líder revolucionario Sun Yat-sen vuelve del exilio, dirige el Kuomintang, hasta que Chiang Kai-shek se convierte en presidente de la República y se ve obligado a enfrentarse al Partido Comunista Chino y a Japón que conquista Manchuria en 1931.

6.2.- Los Tres Principios del Pueblo (Doctrina San-min)

Son la base de las ideologías del Kuomintang bajo Chiang Kai-shek y del Partido Comunista de China bajo Mao Zedong. Ambos partidos están de acuerdo con el principio del nacionalismo, pero difieren de forma significativa en los principios de democracia y bienestar social, ya que el primero se apoya en el sistema socialdemócrata occidental y el último se apoya en el sistema marxista comunista.

En la actualidad los Tres Principios del Pueblo solo permanecen explícitos como parte de la plataforma del Kuomintang y en la Constitución de la República de China de Taiwán. Esta filosofía política desarrollada por SUN YAT-SEN como parte de una filosofía que convertiría a China en una nación próspera, poderosa y libre. Los Principios son:

1.- Nacionalismo: Sun se refiere a la libertad del dominio imperialista y para lograr ese objetivo Cina debe desarrollar un "nacionalismo cívico" para lograr unir a las diferentes etnias del país, en especial a las 5 principales: han, mongoles, tibetanos, manchúes y musulmanes.

2.- Democracia: "poder del pueblo" 0 "gobierno por el pueblo". Sun lo representa como un gobierno constitucional occidental. Está dividido en dos conjuntos de poderes:

2.1.-Los poderes del pueblo que expresan sus deseos políticos: elección, remoción, iniciativa y referéndum, representados por la Asamblea Nacional de la República de China.

2.2.- El poder del gobierno, que son los poderes de administración, constituidos en un gobierno de cinco órganos (cada uno de ellos es llamado yuan o "corte"), combinando la teoría constitucional occidental de la separación de poderes de Montesquieu con la tradición administrativa de China:

- El Yuan Ejecutivo
- El Yuan Legislativo
- El Yuan judicial
- El Yuan de Control del Gobierno
- El Yuan de Examen para validar la calificación

de los servidores públicos

3.- Bienestar social: "bienestar del pueblo" o "gobierno para el pueblo". El concepto puede ser interpretado como el bienestar social o a las medidas gubernamentales para el pueblo. Sun consideró una economía industrial y la igualdad de las tierras para los agricultores chinos. Sun fue influido en este principio por el pensador estadounidense Henry George. Sun dividió el sustento en cuatro áreas: comida, vestuario, vivienda y transporte. La frase de Abraham Lincoln en el discurso de Gettysburg "gobierno del pueblo, por el pueblo y para el pueblo" sirvió a Sun como inspiración para los Tres Principios del Pueblo. Y también están influidos por ideologías confucianas.

6.3.- Segunda guerra chino-japonesa

Se libró entre 1937 y 1945. Japón invadió Manchuria e inició la invasión del norte y este de China. Para finales de 1937 se habían apoderado de Pekín, Shanghai y gran parte del norte de China. Los japoneses siguieron avanzan do 1938 hasta que se estabilizó el frente y solo en 1944 avanzaron de forma amplia. Japón dominó todas las grandes ciudades chinas y las principales vías de comunicación, mediante el despliegue de más de un millón de soldados japoneses. Se calcula que hubo más de 20 millones de víctimas, la inmensa mayoría civiles.

Japón se rindió tras las explosiones nucleares de Hiroshima y Nagasaki en septiembre de 1945 y las posiciones japonesas en China dejaron sus posiciones y volvieron a Japón.

6.4.- Reanudación de la guerra civil china

El partido comunista chino inició una rebelión armada contra el Kuomitang que se convirtió en una guerra civil total a partir de 1947. En contra de las previsiones, los comunistas, apoyados por la URSS, logran vencer al ejército de la República en solo dos años. El gobierno del Kuomintang, parte del ejército y muchos simpatizantes se trasladan a la isla de Taiwán.

7.- República Popular China (desde 1949)

7.1.- La era de Mao Zedong (1949 -1976)

Fue un político, filósofo, estratega militar y dictador chino, fundador del Ejército Popular de Liberación y primer presidente de la República Popular China. Inició el Segundo Frente Unido contra la ocupación japonesa y luego venció a Chiang Kai-shek en 1949, proclamando una nueva república que reunificó China, bajo un régimen de dictadura democrática popular y puso fin al llamado "Siglo de la Humillación".

Entre 1953 y 1958 implantó la economía planificada e impulsó la industrialización de China. Entre 1955 y 1957 impulsó el movimiento antiderechista persiguiendo a más de 550.000 personas, la mayoría intelectuales y disidentes. El Gran Salto Adelante fue un absoluto fracaso que generó una inmensa hambruna con más de 30 millones de fallecidos. Se le asignó responsabilidad en la gran hambruna de 1959-1961.

En 1963 lanzó el movimiento de Educación Socialista y en 1966 inició la Revolución Cultural que le permitió recuperar el poder y desarrollar el culto a su personalidad, con la disculpa de eliminar los restos del capitalismo y de la tradición china. En diez años eliminó a casi todos los que discrepaban con su forma de entender el comunismo y generó un caos absoluto en los aspectos social, político y económico. Según los expertos hubo más de dos millones de muertos por el caos y las purgas. Se admite que fue un error.

Entre 1949 y 1975 la esperanza de vida aumentó de 44 a 65 años. Las tasas de alfabetización subieron del 15% en 1949 hasta el 65% en 1982. Y el PIB per cápita pasó de 637 dólares en 1950 a 1272 dólares en 1975. La trayectoria social, política y económica de China en la época del maoísmo fue anárquica. En 1981 el Partido Comunista Chino publicó un análisis oficial sobre la responsabilidad de Mao en los problemas sociales y económicos en el que se le achacaban errores graves, pero reconociendo también que sus éxitos superaban con mucho sus errores, especialmente su papel decisivo como ideólogo socialista y artífice de la revolución china.

El pueblo donde nació Mao en 1893 se ha convertido en lugar de peregrinaje al que en 2023 acudieron más de 7 millones de visitantes. Es una de las mecas del "turismo rojo". En este lugar la propaganda y la historia se funden. Aquí todo confluye en el 1.10.1949 (Justo hace 75 años), la fecha en que Mao se asomó al balcón de Tiananmén y pronunció su discurso. Sin Mao no existiría la Chima actual, su figura admite la crítica menor, pero no un cuestionamiento total. Hubo errores, como la Revolución cultural, pero sus logros superan sus errores. Incluso el actual presidente Xi Jinping afirma: "El pensamiento de Mao Zedong es la preciosa riqueza espiritual de nuestro Partido, que guiará nuestras acciones durante mucho tiempo".

7.2.- La era de Deng Xiaoping (1978 – 1989) y la Segunda Revolución china

7.2.1.- La Segunda Revolución China

Den Xiaoping volvió a primer plano tras la muerte de Mao. Den llegó al poder en 1978 e introdujo reformas basadas en el mercado experimentando China un enorme auge y su PIB se multiplico por más de siete. China empezó con un gran retraso tecnológico y aumentó rápidamente su productividad adoptando tecnologías ya desarrolladas en el extranjero, siendo su velocidad de convergencia extraordinaria.

Corrigió los errores de la Revolución Cultural y devolvió el país al orden. Con él China emprendió las reformas económicas , que permitieron alcanzar unas impresionantes cuotas de crecimiento económico. En 1980 Deng lanzó las reformas políticas de China y en 1982 la nueva Constitución fue aprobada. En 1986 lanzó el Programa 863 de ciencia y tecnología de China.

La modernización discurrió entre el influjo soviético penosamente adaptado y las 4 modernizaciones que Deng recuperaría tras la muerte de Mao, convirtiéndolas en santo y seña de su reforma. Pero siempre rechazó otra quinta modernización, la política. Deng lanzó la política de apertura y reforma, renegó del culto a la personalidad, trajo contrapesos al liderazgo del partido, permitió los negocios privados y catapultó el crecimiento meteórico de las décadas siguientes.

7.2.2.- El cambio económico

Y en China, a finales del siglo XX, se cambia una política económica comunista por una absolutamente capitalista y neoliberal, pero con control centralizado.

Los líderes "comunistas" chinos, nacidos de una revolución cruenta orientada hacia el ideal comunista (exigir a cada uno según sus capacidades y darle según sus necesidades), deciden (como segunda revolución pero manteniendo el poder político absoluto y dictatorial) cambiar el ineficaz sistema económico comunista por la aplicación al pie de la letra de las tendencias generadas en el ser humano por las tres leyes de la naturaleza humana, aplicando las normas del capitalismo feroz del neoliberalismo en beneficio de unos pocos, pero que también podía ayudar, como sucedió en Occidente, a mejorar el nivel económico medio de toda una sociedad. Han creado una amalgama entre el capitalismo y el comunismo, cogiendo del primero los principios de producción y de mercadotecnia para organizar su economía y manteniendo del segundo un control político y económico total.

7.2.3.- Administración confuciana

Gracias a una administración excelente de técnicos y funcionarios con mentalidad confuciana, China está obteniendo unos resultados económicos extraordinarios y elevando el nivel de la "renta per cápita" de sus ciudadanos. La eficiencia reconocida de los funcionarios chinos, siempre apoyados en el ideal confuciano, parece haber contagiado en su forma de entender y hacer las cosas a toda una enorme generación de millones de personas que a partir del año 1978 se han preocupado de aprender, aprender y aprender, y de aplicar con eficacia todo lo aprendido

7.2.4.-Adaptación al neoliberalismo

La adaptación de China al neoliberalismo fue por generación propia, pero ayudada y subvencionada por las empresas y economías de Estados Unidos y los países más desarrollados del mundo que ambicionaban el potencial de su inmenso mercado. Los chinos permitieron la entrada de la pujante industria occidental y, con humildad y eficiencia, lo aprendieron todo, desde la fabricación de los productos más sencillos y menos rentables hasta los más complejos.

7.2.5.- Deng: "Socialismo con peculiaridades chinas"

El ensayista especializado en política internacional Xulio Ríos nos expone con claridad en su artículo "Las singularidades chinas de Den Xiaoping" esta época de la historia china.

7.2.5.1.- El SPCh:

"Deng con su "reforma y apertura" auspiciada desde el PCCh estableció un nuevo proceso de modernización de China tras la errática trayectoria del maoísmo. Deng está considerado como el arquitecto general de la política de reforma y apertura que sirvió de base para el avance hacia la modernización del país.

Definición del SPCh: "expresión ideológica que sirve de cobertura a la reforma y apertura iniciada en 1978 por Deng". Lo esencial son dos ideas:

Primero.- China no construye el capitalismo, sino que transita por él como primera etapa del socialismo, un proyecto que debe ser contemplado como de largo plazo.

Segundo.- La construcción del socialismo debe partir de la realidad concreta, evitando caer en el voluntarismo o en la imitación de modelos extranjeros que pueden no adaptarse a modelos concretos de un país.

El "socialismo con peculiaridades chinas", vía propia hacia el socialismo, resultaría así de la combinación del marxismo, el pensamiento de Mao Zedong y de las aportaciones de Den Xiaoping, poniendo el énfasis en la prosperidad integral que tome en consideración la particular idiosincrasia de China. En el XII Congreso del PCCh (1982) se acuñó la expresión "una vía propia al socialismo", incluyendo el aprendizaje de las experiencias extranjeras y al uso de las mismas como punto de referencia, pero sin copiarlas sino siguiendo un camino propio. En el XIII Congreso del PCCh (1987) se admite que China está transitando la primera etapa que de ningún modo se podía omitir.

7.2.5.2.- SPCh en lo político

Significa mejorar el sistema sin alterar su naturaleza, apostar por el estado de derecho y garantizar un mejor reconocimiento y ejercicio de los derechos cívicos, persistiendo en las singularidades del modelo y rechazando la adopción de cualquier liberalización de signo occidental.

Defiende a ultranza el monopolio del PCCh y la preservación del Estado bajo su control y dirección, garantía última del rumbo socialista de la reforma, descartando cualquier cesión a los nuevos poderes como consecuencia de los cambios socioeconómicos.

7.2.5.3.- SPCh en lo económico:

Significa dotarse de un sistema de economía de mercado socialista caracterizado por el desarrollo conjunto de las diferentes formas de propiedad poniendo la pública como la principal. Y se enfatiza el papel del mercado como instrumento regulador, persistiría en la planificación, elaborando sus planes quinquenales. Prioridad a la eficiencia económica por encima de cualquier otra consideración (Jiang Zemin) con el objetivo de altas tasa de crecimiento

7.2.5.4.- SPCh en lo social:

La búsqueda de la armonía (expresión popularizada en 2006 por Hu Jintao) poniendo el acento en lo importante de la "prosperidad común alcanzada", que vendría a constituir la esencia del socialismo con peculiaridades chinas. Ello resulta esencial para garantizar la estabilidad, premisa básica para evitar el fracaso de la reforma.

7.2.5.5.- SPCH en lo cultural:

Equivale a hacer prevalecer las corrientes de pensamiento y los sistemas de valores asociados al socialismo y también la revitalización y dignificación de los valores tradicionales de la cultura china, ampliamente denostados desde finales del siglo XIX.

7.2.5.6.- Cuatro principios fundamentales e irrenunciables

Para contener la tradicional tendencia de retorno al capitalismo:

1º.- Perseverancia en la vía socialista

2º.- Vigencia de la dictadura del proletariado

3º.- Mantenimiento de la dirección del proceso por el PCCh

4º.- Aplicación del marxismo-leninismo y del pensamiento de Mao

7.2.5.7.- El socialismo con peculiaridades chinas

Sugiere la hipótesis del rodeo por el capitalismo como inevitable paso previo al socialismo. Para algunos, el hipotético mantenimiento del socialismo es la coartada perfecta para negar la alternancia y perpetuar el poder burocrático. Aunque es verdad que excluye el enaltecimiento de la lucha de clases (de infausto recuerdo por la Revolución Cultural en China) e introduce manifestaciones asociadas a un sistema basado en el bienestar y que podrían traducirse a futuro en una progresiva socialdemocratización del PCCh, cuestión que hoy día no está en la agenda, aunque sí fue objeto de debate a propósito de la "triple representatividad" de Jiang Zemin.

7.2.5.8.- Primera etapa de la larga transición

El objetivo esencial consiste en desarrollar la economía para alcanzar una modernización que garantice el bienestar social, es decir, un nivel de vida modestamente acomodado. Ello exigiría desterrar el dogmatismo y apostar por la reforma permanente, a fin de lograr una adaptación constante a la situación cambiante y asegurar ese impulso continuado que impida el estancamiento. Actitud abierta capaz de sugerir respuestas a los nuevos problemas

7.2.5.9.- El modelo denguista

Permitió la introducción de importantes innovaciones que poco a poco desbloquearon tabúes y diluyeron líneas rojas del maoísmo, La liberalización en múltiples campos abrió nuevas expectativas al desarrollo chino y con impactos que todos conocemos. Esto supuso importantes cambios en lo social al liberar la iniciativa privada y admitir la inadmisibilidad del igualitarismo. Los resultados excedieron a las previsiones de Deng, aunque todavía en marzo de 2021 el propio primer ministro Li Keqiang indicaba que el 40% de la población (600 millones de chinos) aún sobreviven con apenas 1000 yuanes al mes, cuando un yuan equivale a 0,13 euros. Supone un buen dato de lo que falta por avanzar en este ámbito.

7.2.5.10.- Maoismo & Denguismo

La contraposición no es absoluta y Deng nunca presentó sus iniciativas políticas como una ruptura radical con el maoísmo, ya que pesaba demasiado su imagen, y Deng consideró que la esencia del pensamiento de Mao estaba en la frase "buscar la verdad en los hechos", es decir, su mérito principal consistió en tener en cuenta las condiciones concretas de China para establecer el camino que debía seguir la revolución para triunfar. Estableció así un hilo de continuidad con el maoísmo, a pesar de las distancias que les separaban en muchos aspectos.

Deng reconoció la debilidad de la base económica del país, con una población numerosa y escasez de tierras cultivables.

7.3.- Jiang Zemin y la tercera generación (1989 – 2002)

El crecimiento económico en esta fase fue vertiginoso. En el plano ideológico, Jiang Zemin presentó el llamado "Pensamiento de la Triple Representatividad", en 1997 (XV Congreso del PCCh) que aparece como guía orientadora de su acción política, según la cual, el Partido debía actuar en representación de:

- Las fuerzas productivas avanzadas: hombres de negocios y empresas del sector privado.
- La cultura avanzada de China: infraestructura nacional.
- Los intereses fundamentales de la mayoría del pueblo: progreso.

El Partido Comunista abandona la idea de la lucha de clases y pasa a representar los intereses económicos y de progreso del país. Se inicia la aceptación por el Partido Comunista entre sus miembros a representantes de la clase empresarial, como muchos miembros de negocios de Hong Kong, que en la actualidad ocupan cargos en el Partido Comunista.

En los últimos años del siglo XX se completa una transición iniciada en la época de Deng Xiao Ping, pasando de un modelo de inspiración soviética a un modelo de autoritarismo político combinado con capitalismo económico similar al que se aplicó en países asiáticos como Singapur o Malasia.

Tanto en Hong Kong como en Macao se aplicaría el modelo "un país, dos sistemas" acuñado por Den Xiaoping, convivencia de dos sistemas económicos diferentes, el socialismo chino y el capitalismo europeo. Su objetivo era poder ofrecerlo también a Taiwán.

En los 90 los dirigentes chinos empezaron a trabajar para que el país no acabara siendo la fábrica barata del planeta y sabiendo que, antes o después, las empresas extranjeras se llevarían sus plantas al lugar del planeta que ofreciera salarios aún más bajos que los suyos. Pekín hizo una propuesta a dichas empresas: podéis fabricar aquí y acceder al mercado potencial más grande del mundo, el mercado chino de más de 1.300 millones de ciudadanos, pero a cambio, tenéis que compartir vuestra tecnología y el capital de vuestras empresas con nuestras compañías.

De esta manera obligaron a las empresas extranjeras a entrar en empresas conjuntas y ello posibilitó, junto al envío de miles y miles de estudiantes chinos a Estados Unidos y otros países avanzados tecnológicamente, que la tecnología occidental fuera aprendida y se creasen empresas chinas competitivas.   Y China sigue siendo el mercado del futuro a medida que su clase media se amplía a gran velocidad y es ya el mayor mercado del mundo.

Y en algunos sectores China se ha podido permitir el lujo de cerrar completamente su mercado a competidores extranjeros: la exclusión de Google, Facebook y Twitter ha permitido que las tecnológicas locales Tencent, Alibaba y Huawei hayan podido crecer tranquilamente hasta convertirse en los colosos que hoy día son.

7.4.- Hu Jintao y la cuarta generación (2002 - 2012)

Hu Jintao propuso las expresiones "Concepción Científica de Desarrollo", que alude a la necesidad de que el progreso económico sea integral, coordinado y sostenible y "Sociedad Armoniosa". La economía china siguió su expansión y su producto interior bruto superó a los de Italia, Francia y Reino Unido. Para 2006 las reservas de divisas extranjeras de China se habían convertido en las mayores del mundo.

Thomas Piketty en su ensayo "Breve historia de la igualdad" considera que el proceso de privatización de la propiedad en China finalizó en torno a 2005-2006; el equilibrio entre la propiedad pública y la privada no ha cambiado mucho desde entonces. El capital desarrollado bajo propiedad pública crece al mismo ritmo que el capital privado y representa algo más del 30% del total, lo que es minoritario pero sustancial, lo que da un margen de intervención considerable para decidir dónde invertir y crear empleo, así como llevar a cabo políticas de desarrollo regional.

El Estado mantiene un estricto control del sistema productivo, control que incluso aumenta en las grandes empresas. Asimismo, se ha producido un importante descenso de la proporción de capital empresarial en manos de extranjeros.

8.- Xi Jinping y la quinta generación (desde 2012)

8.1.- La política de Xi

8.1.1.- Su carrera

El 15.11.2012 Xi fue nombrado secretario general y el 14.03.2013 asumió la Presidencia de la República Popular China. Cuando llegó al poder llevó a cabo una enérgica campaña contra la corrupción , considerada la mayor "purga de oponentes" desde los tiempos de Mao y supo desactivar a sus detractores. Las sanciones afectaron a un millón de personas y su política anticorrupción lo ha hecho muy popular en China. El 11.03.2018 reformó la Constitución que permitirá a Xi Jimping presentarse indefinidamente a su reelección.

El 20.03.2023 fue reelegido para un tercer mandato. Se ha reafirmado el liderazgo de Xi Jinping en el partido, el ejército y el Estado, se le ha reconocido la condición de autoridad suprema en todos los asuntos de la sociedad china y se ha alentado un fuerte impulso al liderazgo de China en el mundo. Xi también ha desarrollado un culto a la personalidad construido a su alrededor.

8.1.2.- Contra la contaminación

En 2015 decidió iniciar una guerra contra la contaminación: las energías verdes, como las turbinas eólicas y los paneles fotovoltaicos empezaron a desarrollarse de forma masiva. El país se comprometió a plantar el bosque artificial más grande del mundo, llamada la Gran Muralla Verde, para el año 2050. El 1.01.2018 se anunció que China no aceptaría más residuos plásticos procedentes del extranjero y las importaciones cayeron de 600.000 toneladas al mes en 2016 a 30.000 toneladas por mes en 2018.

8.1.3.- Sobre el control social

Desde su llegada la censura, incluida la censura en Internet, se ha intensificado significativamente. Se controla el uso de Internet, incluidos Google y Facebook y la censura de Wikipedia también es estricta.

La China de Xi concede a la inmensa mayoría de sus ciudadanos más libertades económicas y personales de las que han gozado nunca, pero esta China sigue pensando "los mercados primero, la democracia después". Dice: nosotros somos liberales como los británicos, reconocemos la propiedad privada, si tienes una casa no te la podemos quitar, puedes acumular tanto dinero como puedas, puedes hacer negocios, etc. Esto es liberalismo: Todo ello mientras no digas nada en contra del partido.

Xi Jinping actualizó dicho plan en 2017, como nos lo explica Julio Aramberri, definiendo una especie de acuerdo social implícito por el cual una mayoría de ciudadanos consentía el monopolio gubernamental del PCCh a cambio de un aumento progresivo del nivel de vida.

8.1.4.- Política familiar

Xi en enero de 2016 lanzó la política de dos hijos, en mayo de 2021 la política de 3 hijos y en julio de 2021 se eliminaron los límites de tamaño en la familia, aunque los años 2022 y 2023 la población de China ya ha empezado a bajar y sigue habiendo 33 millones más de hombres que de mujeres en China.

8.1.5.- Control del partido

Se mantiene una disciplina rígida y una vigilancia permanente dentro del partido, sobre la base de que "con un partido débil todos los caminos llevan al desastre". Todo ello incluye, según Xi:

-       La proyección de fortaleza en el escenario internacional con el rejuvenecimiento de la nación china, la vuelta de la grandeza diplomática, económica y militar del país

-    Internamente una sociedad más igualitaria y cohesionada, unida por la "prosperidad común" bajo el manto, la legitimidad y el control del partido: atajar la profunda desigualdad que existe en la China actual entre las capas sociales y entre el campo y la ciudad.

Según Ai Weiwei, el Partido Comunista Chino es una organización más fuerte que cualquier otra en el mundo y ejerce su autoridad a través del control del pensamiento y el discurso de las personas. Una sociedad que vive bajo un régimen autoritario funciona como un ejército y las personas son como animales cautivos. Después de haber vivido bajo fuerte control por más de 70 años, ha perdido el valor de rebelarse.

Los dos controles del poder ejecutivo de Xi:

A.- El ejército: El antiguo régimen comunista sigue controlando China con un ejército descomunal y un incremento armamentístico constante, aunque lo más preocupante es el endurecimiento de su régimen político en estos últimos años, a medida que sus industrias y personas se van abriendo hacia el exterior.

B.- La economía: Como ya hemos expuesto con anterioridad, China concede a la inmensa mayoría de sus ciudadanos más libertades económicas y personales de las que han gozado nunca, a medida que sube su nivel de vida. China no controla a la población con la fuerza bruta, sino con la política económica. Nunca los chinos en toda su historia han vivido mejor que ahora, millones y millones de chinos están creando una fuerte clase media con unas oportunidades de crecimiento social y económico inimaginables hace solo 30 años.

8.1.6.- XIX Congreso del PCCh (2017)

Revalidó su absoluto empeño en proseguir la ruta por una vía propia y separada de la liberal occidental "socialismo con características chinas", considerando que para el PCCh los llamados "valores universales" no son aceptables en China, refiriéndose, claro está, a los liberales.

Las peculiaridades chinas se oponen a dichos valores universales, que el PCCh considera que sirven a los intereses occidentales, ampliándose la brecha entre China y Occidente. China opta por no imitar los modelos occidentales en cuanto a la libertad, la democracia y los derechos civiles, sino por seguir su propio camino. Y se ve reforzado con la idea de que la crítica occidental obedece a un motivo: no asumen el ascenso de China a la cumbre del poder global.

8.2.- La economía de Xi

8.2.1.- Apoyo a las "fuerzas del mercado"

Xi anunció que las "fuerzas del mercado" comenzarían a desarrollar un papel decisivo en la asignación de recursos para permitir una mayor competencia, potencialmente atrayendo a actores extranjeros y del sector privado en industrias que anteriormente estaban altamente reguladas.

Como lo podemos leer en el artículo "Una China entrada en años" del asesor emérito del Observatorio de la Política China Xulio Rios, la reforma y apertura de Deng Xiaoping rompió radicalmente con el proceso zigzagueante constante que caracterizó dramáticamente el maoísmo con tropiezos como el Gran Salto Adelante y la Revolución Cultural que marcaron los primeros 30 años. Deng auspició un acelerón considerable de la modernización y el progreso del país mediante la aplicación estricta de dos máximas:

La primera: Hacerlo todo con su propio esfuerzo: es una reivindicación de independencia, de soberanía que siempre ha estado latente en la visión ideológica del Partido Comunista. Cuando en los sesenta los especialistas rusos fueron retirados de China, el autosostenimiento, el apoyarse en las propias fuerzas fue la consigna para resistir.

La segunda: Fue la apertura al exterior, fue apoyarse en el mundo exterior para acelerar el desarrollo del país, captando inversiones, talento y empresas a extranjeras a manos llenas, cabe reconocer que el más duro esfuerzo recayó sobre los propios chinos: fue en esta etapa cuando la justicia social se sacrificó, al igual que el medio ambiente, fue cuando la explotación de la mano de obra barata de los millones de campesinos chinos alentaba en varios dígitos el crecimiento que asombraba al mundo.

8.2.2.- Crecimiento económico

La economía de China ha crecido bajo el mandato de Xi y el PIB ha pasado de 8,53 billones de dólares en 2012 a 17,73 billones en 2021, mientras que el PIB nominal per cápita de China superó la media mundial en 2012. El resultado ha sido espectacular: China era la potencia nº 32 en 1978 y desde 2011es la segunda potencia del mundo.

PIB de China

Año	Porcentaje de crecimiento	Cuantía sobre 1969
1969		100
El año 1970	19,30%	119,30
desde1971 a 1980	187,69%	223,92
Desde 1981 a 1990	246,49%	551,95
Desde 1991 a 2000	272,53%	1.504,21
Desde 2001 a 2010	264, 29%	3.975,55
Desde 2011 a 2020	193,68%	7.703,69
El año 2021	8%	8.319, 99
El año 2022	3%	8.569,58
El año 2023	5,2%	9.015,20

Estos números no merecen sino nuestra absoluta admiración y reconocimiento por un hecho histórico sin precedentes en la Historia de la Humanidad, que nos demuestra la capacidad y potencial futuro de China.

8.2.3.- Sobre la calidad del crecimiento

China sigue manteniendo un control financiero absoluto, de forma que sólo se enriquecen unos cuantos dirigentes políticos y unos empresarios que, siguiendo sus dictados, han sido capaces de hacerlo realmente bien en una economía con un crecimiento medio de más del 7% a lo largo de los últimos 25 años.

Xi ha declarado que China se centrará en la calidad del crecimiento económico, abandonando la estrategia del crecimiento a toda costa. Kishore Mahabubani, en su ensayo "La Historia ha empezado a cambiar" pronostica un porvenir extraordinario para China, que se debe más al ingenio y cultura de sus habitantes que al propio sistema comunista. Opina que tarde o temprano China tendrá la misma capacidad tecnológica que Estados Unidos y competirá de igual a igual.

8.2.4.- Economía de "doble circulación"

Xi ha puesto en marcha una política económica de "doble circulación", que significa reorientar la economía hacia el consumo interno mientras se mantiene abierta al comercio y la inversión extranjeras, aunque aún no parece muy clara su definición pragmática de esta filosofía económica, ya que, así como el inmenso crecimiento económico de China se ha conseguido con el sacrificio de los propios chinos al mantenerse unos salarios muy bajos en aras de la competitividad, aún hoy día existe una desconfianza financiera importante, tras el derrumbe inmobiliario.

8.2.5.- Incremento de la productividad y de la competitividad

Xi también ha impulsado la productividad como prioridad. Y actualmente ya las empresas extranjeras, tanto las que tienen sedes en China como las que simplemente ofrecen sus servicios o productos, tienen que enfrentarse con una competencia de empresas cien por cien chinas cada vez más fuerte a nivel mundial.

8.2.6.- China como mercado de futuro

China sigue siendo el mercado del futuro a medida que su clase media se amplía a gran velocidad.

8.2.7.- Los verdaderos culpables del éxito chino

Los verdaderos culpables del éxito chino son, pues, las ansias de las empresas americanas, japonesas, coreanas y europeas por hacerse con una tarta tan suculenta como China.

Muchas empresas occidentales, sobre todo estadounidenses se unieron al festín de beneficios por la mano de obra supuestamente regaladas, sin saber que estaban comiendo caramelos envenenados, como más adelante explicaré.

8.3.- La tecnología de Xi: plan "Made in China 2025"

8.3.1.- Plan estratégico 2015

China en el año 2015 aprobó un Plan Estratégico orientado al desarrollo de sectores clave de la tecnología como la robótica, los vehículos alimentados por las nuevas energías, la aeronáutica espacial, la inteligencia artificial y las tecnologías de la información.

8.3.2.-Objetivo del Plan "Made in China 2025" (2018)

Tiene como objetivo hacer que China sea autosuficiente en tecnologías clave, aunque públicamente restó importancia a este plan para evitar el estallido de una guerra comercial con EEUU, que, de todas formas, se produjo en 2018. Xi desde entonces ha renovado los llamamientos a la "autosuficiencia" en materia tecnológica. Quiere controlar la tecnología de vanguardia sobre robótica, vehículos eléctricos y biotecnología.

Xi quiere convertir China en una especie de multinacional tecnológica de la que los ciudadanos son los clientes y los funcionarios los empleados. Xi ha inventado su propia receta para conquistar el mundo: el tecnosocialismo. Sus ingredientes son la inteligencia artificial, la recopilación masiva de datos y el control estatal. La inversión de Pekín en inteligencia artificial está amenazada por la guerra tecnológica con Estados Unidos.

Según el Plan Made in China 2025 iniciado por XI en 2015, China debía alcanzar el objetivo de producir el 40% de los chips destinados al consumo interno, porcentaje que alcanzaría el 70% los dos años posteriores. Sin embargo, en 2021 la cuota rondaba el 16%.
Morris Chang, fundador del gigante taiwanés de los chips TSMC, estima que la industria china tiene entre cinco y seis años de retraso con respecto a Taiwán en el desarrollo de microchips de última generación.

8.3.3.- Inversión en I+D: el milagro chino

Den Xiaoping lanzó en 1986 el PROGRAMA 863 de ciencia y tecnología, cuyo objetivo era hacer a China independiente financieramente de las tecnologías extranjeras. Entre 1995 y 2019 el gasto en I+D creció a una tasa anual del 18% en China, frente al 3,7% de EEUU y el 3,1% en la UE y Rusia. Este enorme esfuerzo se dirigió a levantar el potente sector tecnológico chino y a mejorar su competitividad global.

El gasto interno en I+D ha aumentado mucho en el mandato de Xi, alcanzando un récord de 564.020 millones de dólares superando a la UE. En agosto 2021 se destinaron 186.187 millones de dólares para lograr la independencia en semiconductores.

Xi también ha apoyado a empresas tecnológicas como Huawei con subvenciones, exenciones fiscales, facilidades de crédito y otras ayudas, que también ha generado contramedidas por parte de EEUU.

8.3.4.- Control exitoso de las tecnológicas extranjeras

Incluso, en algunos sectores, China se ha permitido el lujo de cerrar completamente su mercado a competidores extranjeros: la exclusión de Google, Facebook y Twitter ha hecho posible que las tecnológicas locales Tencent, Alibaba y Huawei hayan podido crecer tranquilamente hasta convertirse en los colosos que hoy día son.

8.3.5.- Control de los monopolios chinos

Xi acusa a sus propios agentes tecnológicos por presuntos delitos: acaparar datos, diseñar algoritmos adictivos, explotar a los empleados, abusar de los proveedores, eludir impuestos, pisotear a empresas más pequeñas, prohibir vende en más de una plataforma, etc.

Xi Jinping considera que si no se frena ahora a estas corporaciones ya no habrá quien les tosa, pues son más poderosas que muchos países.

Entre otras, se investigó a:

- Alibaba: con doble de comercio electrónico que Amazon
- Tencent: con 1200 millones de usuarios
- DiDi: con 550 millones de clientes (5 veces más que Uber)
- Baidu: líder en inteligencia artificial dedicada a la comprensión del lenguaje, tras desbancar a Google y Microsoft.

El método más común de investigación utilizado fue el siguiente: el empresario desaparece durante meses, sin ninguna explicación, mientras su empresa es investigada por las autoridades; al cabo de un tiempo pide perdón públicamente, hace propósito de enmienda y se le devuelve el control de la compañía. Hoy hay 73 empresas digitales chinas que valen más de 10.000 millones de dólares.

El periodista Miguel García Vega nos expone el mensaje de Xi a los monopolios tecnológicos chinos que ha trascendido con los siguientes resultados:

- Mack Ma se ha comprometido a donar miles de millones a la caridad
- Tencent destinará 13.400 millones de euros a ayuda social
- Meituan abonó en octubre una multa de 457 millones por violar las leyes de la competencia.

El gobierno chino beneficia a las compañías que convienen a su estrategia, pero si los intereses privados se separan del interés general, interviene.

8.3.6.- Inversiones en I+D en 2023

- EEUU   700.000 millones de dólares
- China   620.000 millones
- UE   400.000 millones
- Japón + Corea   280.000 millones

Pero Japón y Corea del Sur dedican más del doble de dinero por habitante que la UE en I+D

8.3.7.- Estudio del Ministerio de ciencia y TIC de Corea del Sur (Corea IPCT)

Según este estudio los avances de China en 136 tecnologías clave superaron por primera vez a los de Corea del Sur. Con el nivel de desarrollo estadounidense en 100: La UE se sitúa en el 94,7%, Japón sr sitúa en el 86,4%, China en el 86,2% y Corea del Sur en el 81,5%

China se encuentra tres años por detrás de EEUU en destreza tecnológica , Corea del Sur 3,2 años por detrás. En 2020 ambos estaban 3,3 años detrás.

Los investigadores chinos ya lideran 37 de las 44 tecnologías de vanguardia más importantes del mundo, como:
- Las comunicaciones
- Los nuevos materiales
- Las nuevas energías
- La detección y la navegación
- Los drones y
- La hipersónica

También lidera la inteligencia artificial, la biotecnología, la robótica y la computación cuántica. En una década el liderazgo de China en investigación fundamental se traducirá en otra generación de proeza industrial china.

El Informe analiza las 241 tecnologías de los próximos 25 años sobre las que esforzarse, y que se pueden agrupar en 5 megatendencias que van a marcar la evolución social y tecnológica:

1.- Mundo digital (economía digital, sociedad sin contacto)

2.- Cambio de la estructura social (especialmente el avance hacia una sociedad con valores diversificados, el cambio demográfico y el cambio urbano)

3.- Cambio medioambiental y explotación de recursos (centrados en cambios en el entorno y los recursos y la exploración de territorios inexplorados)

4.- Cambio del orden mundial (la era global, cambios en la situación del noreste asiático o cambios en el papel del Estado)

5.- Riesgo rutinizado (seguridad emergente y situaciones de conmoción extrema).

Estas tendencias se traducen en una diversidad de tecnologías nuevas, desde las menos innovadoras, como:

- Tecnología de pilas de combustible multitipo para plantas de producción complejas (que se espera estén disponibles en 2030) o
- Tecnología avanzada de reciclado y control de residuos mediante IoT (Internet de las Cosas) (se espera para 2028),

A las más innovadoras como:

- Tecnología de desarrollo de servicios médicos
- Nuevos fármacos y
- Nuevos materiales mediante microgravedad o tecnología atómica de ensamblaje para impresión molecular (2032 a 2033)

La máxima prioridad debe ser asegurar la presencia del país en la generación de las tecnologías del futuro incluye la creación de infraestructuras por parte del gobierno y más financiación en investigación (Corea y Israel dedican el 4% del PIB a I+D, el máximo mundial.

En segundo lugar, señala el Informe, que el Gobierno debe desarrollar estratégicamente medidas políticas acordes con la naturaleza de los futuros problemas.

En tercer lugar, en la investigación deben participar distintos agentes en función de los problemas y las características de las tecnologías relacionadas.

Y en cuarto lugar es fundamental una estrategia basada en las características de la tecnología.

China considera como exportaciones estratégicas los vehículos eléctricos, los paneles solares y las baterías de ion-litio y sus objetivos en productos para ser líder mundial son las que la propia China define como las nuevas fuerzas productivas: Infotecnología , Biotecnología, Inteligencia artificial (IA), Computación cuántica y los nuevos materiales

8.3.8.- ¿Regular la inteligencia artificial (IA)?

Daron Acemoglu nos dice que China está demostrando que se puede regular la Inteligencia Artificial (IA), aunque dice que obviamente no está en contra de una regulación según el modelo chino, porque lo que busca China es garantizar la supremacía del Partido.

China ha demostrado, para mal, que la tecnología es totalmente controlable si uno se pone a ello. Y Europa debería tratar de poner cordura. Hay que entender que la innovación no es un fin en sí misma, sino que tiene que estar al servicio de la sociedad. Sobre todo, si provoca más desigualdad y lleva a que unos tengan ventajas sobre otros para siempre, que es el modelo que promueven China y EEUU.

8.4.- Programa "Prosperidad común" de 2021

8.4.1.- Requisito esencial del socialismo

Ese término que Xi definió como un "requisito esencial del socialismo", viene a significar como riqueza para todos e implicaba ajustes razonables en el exceso de ingresos de algunos. Los ejemplos de acciones tomadas contra las empresas tecnológicas han supuesto multas a algunas de las más grandes y la aprobación de leyes como la Ley de Seguridad de Datos. Xi también abrió una nueva bolsa de valores en Pekín para pymes.

Según observa Yuen Yuen Ang, Profesora de la Universidad de Michigan, "El presidente Xi Jinping ha aprendido "el peligro del capitalismo de amiguetes" y se ha propuesto la misión de acabar con la edad dorada de China. Quiere reproducir la era progresista estadounidense (un tiempo con menor corrupción y mayor igualdad) y su desafío es mantener el fervor capitalista y ofrecer equidad. ES UN RETO ÚNICO. El mundo no ha sido aún testigo de un Gobierno que supere con éxito los efectos secundarios negativos del capitalismo por decreto"

China ha recuperado el término "prosperidad compartida" para presionar a empresas y emprendedores en su obligación contra la desigualdad. Ya varios multimillonarios chinos se han comprometido a donar miles de millones de dólares a ayuda social.

8.4.2.- Sobre la meritocracia

Según Claudio F. González si de algo alardea China es de ser una meritocracia, con igualdad de oportunidades. Cree que esa es su gran ventaja sobre el modelo occidental y el gobierno quiere devolver la educación al ámbito público. No pueden consentir que la educación se convierta en un club para ricos. Xi también prohibió a las empresas privadas de enseñanza obtener ganancias enseñando los fines de semana y días festivos el programa escolar.

8.4.3.- Doble premisa inicial:

Es su singularidad civilizatoria lo que ahora permitirá a China ir más rápido al tiempo de proveer la soberanía precisa para poder hacerlo sin ceder a las exigencias foráneas. Esto significa: liderazgo a toda costa del partido, pero también:

a.- Un modelo que en la narrativa oficial apunta a un desarrollo centrado en las personas (el bienestar reclamado por Sun Yat-sen en sus "tres principios del pueblo")

b.- Un modelo político adaptado a las singularidades de diverso tipo que China manifestaría en razón de su idiosincrasia. Lo que bien puede sonar a disculpa o justificación para seguir con el autoritarismo y control absolutos.

8.4.4.- El acuerdo social chino

Según Joaquín Aramberri, el líder Xi Jinping actualizó hace tres años una especie de acuerdo implícito por el cual una mayoría de ciudadanos consentía el monopolio gubernamental del PCCh a cambio de un aumento progresivo del nivel de vida:
Garantizándose:

1.- La creación de una sociedad medianamente acomodada y de consumo masivo.

2.- El aumento de los gastos militares

3.- La apropiación del Mar del Sur de China

4.- El control total de la información

5.- La recreación de la Nueva Ruta de la Seda orientada a subordinar la gran masa terrestre euroasiática a los intereses de China

6.- Hasta la creación de grandes urbes en el territorio nacional

8.5.- La política exterior de Xi

8.5.1.- Restaurar la posición de China

Los analistas y observadores extranjeros consideran que la política exterior de Xi es restaurar la posición de China en el escenario mundial como gran potencia e imponer un nuevo orden internacional que la ponga más en el centro. Xi aboga por el "pensamiento de referencia" en la política exterior china: establecer líneas rojas explícitas que otros países no pueden cruzar.

Xi declaró en XX Congreso de PCCh: "quería asegurarse de que China lidere el mundo en términos de fuerza nacional compuesta e influencia internacional para 2049, afirmando que China ya es una gran potencia. Xulio Rios nos expone que en lo cronológico Xi sugiere un calendario concreto y definitivo con ese horizonte intermedio de 2035 y el final de 2049.

8.5.2.- Diplomacia del "lobo guerrero"

En contraste con la práctica diplomática china anterior, el llamado "ascenso pacífico de China", que había recalcado el evitar la controversia y el uso de la retórica cooperativa, ejemplificada por la máxima de que "China debe ocultar su fuerza" en la diplomacia internacional.

La diplomacia del "lobo guerrero", adoptada por Xi es más combativa en una línea de política exterior dura y sus defensores denuncian abiertamente las críticas a China en las redes sociales y en entrevistas. En marzo de 2021 Xi dijo que Oriente está subiendo y Occidente está disminuyendo, el poder del mundo occidental está en declive y esta nueva diplomacia se caracteriza por el uso de la retórica de la confrontación por parte de los diplomáticos chinos y su mayor disposición a rechazar las críticas contra su país.

Este cambio refleja una mayor confianza y seguridad en las capacidades del propio país con respecto a Occidente y parecen también acentuarse los esfuerzos destinados a incorporar a la diáspora china en la política exterior china con el énfasis puesto en la lealtad étnica sobre la lealtad nacional.

La diplomacia del "lobo guerrero" comenzó a surgir en 2017 y se puso de moda su uso durante la pandemia del covid19. En Europa los líderes han expresado su sorpresa por el uso por parte de los chinos de un tono diplomático que antes sólo habrían usado con países pequeños o débiles.

El cambio generacional entre los diplomáticos chinos explica en parte el cambio por el tono más directo y conflictivo en las redes sociales. Un ejemplo claro es lo que dice el viceministro de Relaciones Exteriores Le Yucheng, quien cree que "los países extranjeros están llegando a nuestra puerta, interfiriendo en nuestros asuntos familiares, fastidiándonos constantemente, insultándonos y desacreditándonos, por lo que no tenemos otro remedio que defender firmemente nuestros intereses y dignidad nacionales".

8.5.3.- China y el Sur Global

El Sur Global es un conjunto heterogéneo de países que han sufrido los desmanes de las potencias del norte durante mucho tiempo. Supone un cambio del orden mundial. Todos estos países buscan sacar la máxima ventaja de la confrontación China – EEUU. Las naciones emergentes están llevando a cabo acciones dirigidas a anular o reducir riesgos, reforzando su margen de maniobra sin tomar partido.

China, junto con Rusia, se ha centrado en aumentar sus relaciones con el Sur Global, aunque ha recortado los préstamos a África por temor a no cobrarlos. La política internacional de China se ha ido haciendo cada vez más decidida a medida que EEUU se retiraba del escenario mundial; Ha creado, junto a varios países asiáticos, la mayor zona de libre comercio del mundo y ha ido tejiendo una amplia red de amistades para defender sus intereses e imponer su voluntad de una forma directa o indirecta.

China ha ampliado relaciones comerciales y políticas con los países árabes y Turquía. Los diplomáticos chinos han demostrado que ambicionan un papel de liderazgo en la política de Oriente Medio y demuestran su firme voluntad en transformar su incuestionable protagonismo económico en un poder de influencia diplomática y de demostrar que EEUU ya no representa el único referente global, la única opción para resolver problemas y disputas regionales.

China ha iniciado el despliegue de una eficaz diplomacia en las regiones conflictivas donde EEUU ha dejado de ejercer de árbitro y mediador. China se proyecta en el tablero global con iniciativas económicas e infraestructurales e intenta tejer redes que compensen las alianzas formales de EEUU. Su reciente maniobra para intentar ampliar el foro de los BRICS es un síntoma de la aceleración de sus planes para forzar un cambio en los equilibrios del orden mundial.

8.5.4.- China y la UE

China y la UE anunciaron el "Acuerdo Global de Inversión" (CAI) en 2020, aunque se congeló más tarde. Xi ha apoyado los llamamientos para que la UE logre una autonomía estratégica y también ha pedido a la UE que vea a China "de forma independiente".

8.5.5.- La cara exterior de China hoy

Como nos lo comenta Lluís Bassets, China aún está lejos de ser capital mundial: Las ideas y los valores, la historia y el prestigio del país, su capacidad de convicción y de organización del orden internacional, cuestiones en las que China no tiene posición de ventaja alguna. El modelo autoritario, el infame trato dispensado a los uigures, la restricción de libertades y derechos en Hong Kong y sus ambiciones respecto a Taiwán y a los mares circundantes no son una buena carta de presentación.

Tampoco atrae la coacción a los países que mantienen relaciones con Taiwán o se atreven a denunciar los atentados contra los derechos humanos o premiar a los disidentes encarcelados. El agujero negro del dogmatismo chino de expresa con claridad en las oscuras fórmulas de los congresos de los dirigentes chinos.

8.5.6.- Plan de China para dominar el mundo

Según Claudio González el plan es muy simple: una sociedad cohesionada, todos igualitos; seguridad física y económica; un liderazgo fuerte y todo eso engrasado por sus ventajas comerciales. Su verdadera máquina de poder son la economía productiva y las fuerzas armadas, con la innovadora componente que es la tecnología.

Claudio González también nos expone que los chinos no aspiran a que los imiten, sino a imponer sus reglas. Es un concepto más bien de vasallaje: reconoce que soy el mejor y tu sigue haciendo las cosas a tu modo, pero si quieres trabajar conmigo estas son mis condiciones. Por eso hablan hasta con los talibanes: no me alborotéis a los uigures y haremos negocio.

8.6.- China & Rusia

8.6.1.- Coincidencias y diferencias

1.- Coincidencias

Tanto China como Rusia se muestran muy activas promoviendo la causa del autoritarismo en todo el mundo, aunque con medios y fines muy diferenciados. Rusia lo hace con sus campañas de desinformación, influyendo directamente en las elecciones de países occidentales y China comprando compañías o presionando a ciertos países que convierte en económicamente dependientes. Ambas impulsan un cambio del orden internacional que asusta al querer relativizar los derechos humanos.

2.- Diferencias entre XI JINPING y PUTIN
-       2.1.- China se lanza a la conquista espacial mientras Rusia devora al vecino
-       2.2.- China sube al podio tecnológico, donde Rusia no está ni se le espera.
-       2.3.- China ha priorizado las relaciones económicas con Occidente y la expansión comercial con países en desarrollo
-       2.4.- China ha priorizado el propio crecimiento de la clase media
-       2.5.- China ha priorizado su capacidad de proveer al exterior de productos
-       2.6.- La ideología es férrea, está atada en el interior como elemento de control, pero adaptada al capitalismo de facto que le ha convertido en una potencia económica gigantesca
-       2.7.- China ha incrementado su PIB por tres desde 2010. Putin ha puesto el peso en la ideología (nacionalismo recurrente desde los zares que le ha llevado a una deriva expansionista fuera

de lugar) frente a la economía. El PIB de Rusia ha pasado de 1,2 billones de dólares a 1,5 billones en la última década.

8.6.2.- Relaciones China – Rusia a partir de 2014

Xi ha cultivado relaciones más sólidas con Rusia, sobre todo desde la crisis de Ucrania de 2014. Ambos son vistos como líderes fuertes con orientación nacionalista y autocrática, que no temen imponerse a los intereses occidentales. China se ha convertido en el mayor socio comercial de Rusia y firmaron un acuerdo de gas de 400.291 millones de dólares.

Xi y Putin se reunieron el 4.02.2022, pocos días antes de la invasión de Ucrania, y ambos expresaron que los dos países estaban casi unidos en su alineación antiestadounidense y que ambos no compartían "límites" a sus compromisos mutuos.

En abril de 2022 Xi expresó su oposición a las sanciones contra Rusia y el 15.06.22 Xi reafirmó el apoyo a Rusia en cuestiones de soberanía y seguridad. Pekín negocia también con Rusia para que use el yuan chino en sus relaciones comerciales con África, Asia e Iberoamérica.

Ante la guerra de Ucrania, China mantiene una calculada ambivalencia. Sin embargo, Xi también dijo que China está comprometida a respetar "la integridad territorial de todos los países" y añadió que "China estaba dolida de ver cómo se reavivaban las llamas de la guerra en Europa". Xi nunca respondió a la solicitud de conversaciones directas de Zelenski.

8.6.3.- El Plan de paz chino para la guerra de Ucrania´

El objetivo del plan de paz de 25 puntos de Pekín no es otro que salvar la cara, la suya, para hacer o mantener amigos en el sur global y para intentar preservar la parte de las interdependencias globales en las que se juega el futuro de su propia economía.

Lluís Bassets nos explica sus tres puntos principales:

El 1º es espléndido: de su lectura solo se puede deducir que la paz exige, ante todo, la retirada de las tropas rusas del entero territorio ucranio. Sin embargo, para Putin esto nada vale, ya que considera toda Ucrania como territorio ruso y, por lo tanto, solo está en juego el principio de no interferencia.

El 2º dice: "La aplicación idéntica y uniforme de la ley internacional debe ser promovida, mientras que las varas de doble medida deben ser rechazadas". Ahí Pekín señala el talón de Aquiles de la diplomacia occidental. No solo el colonialismo sino también las guerras de Afganistán e Irak.

El 3º y los que siguen poco sirven para el fin de la guerra.

¿Qué espera China de la guerra entre Rusia y Ucrania?

Tácticamente le puede interesar el destrozo que está perpetrando Putin y de ahí su apoyo implícito a la invasión. Estratégicamente, piensa en cómo aprovecharse de la invasión y hasta de una Rusia derrotada, quizás incluso ofreciéndose como un artífice de la paz. Putin es el rompehielos, pero es Xi Jinping quien cuenta con la capacidad para construir un nuevo orden internacional autoritario. China no tiene realmente un plan de paz, pero quiere sacar partido del final de la guerra y de la posguerra, de la capitalización de la paz y de la reconstrucción.

8.6.4.- La dependencia de Rusia

Rusia depende mucho de China. Se ha convertido en su principal cliente energético y de otros productos. Si el gigante dice algo, Rusia tendrá que escuchar, Continuará siendo importante militarmente al tener armas nucleares. Pero como actor económico se ha degradado drásticamente. No digo que sea un sirviente de China, pero sí que está muy subordinada a ella.

A diferencia de Rusia, China es un verdadero actor sistémico, que se acerca al 20% de la economía mundial y sigue creciendo, mientras que Rusia representa alrededor del 2% y sigue disminuyendo.

8.6.5.- Relaciones comerciales entre China y Rusia (aproximado)

Año	Export China a Rusia	Import China de Rusia
	Millones de dólares	Millones de dólares
2015	28.000	35.000
2017	45.000	55.000
2019	54.000	51.000
2021	75.000	65.000
2023	125.000	110.000

8.7.- China y Taiwan

8.7.1.- Lo que Taiwán representa

Como nos lo comenta Daron Acemoglu en su artículo "Taiwán importa": "Desde la década de 1980 Taiwán ha desarrollado una sólida democracia con una amplia participación de base. Lejos de haber sido creado y desarrollado por las élites, el sistema taiwanés es el resultado de las exigencias de los estudiantes y otros ciudadanos de a pie hechas a través de canales democráticos y la participación democrática en Taiwán parece haberse intensificado en los últimos seis años. Los taiwaneses son pioneros en democracia digital y la participación política activa es la norma.

Los gobiernos taiwaneses suelen consultar a sus ciudadanos sobre decisiones clave, como la venta de alcohol e incluso permiten que los ciudadanos hagan propuestas directas al presidente y una plataforma proporciona datos de los ministerios con el fin explícito de alentar a la sociedad civil a mejorar las actuaciones del gobierno.

Taiwán importa porque representa un camino político alternativo para China, el camino que ha sustentado por largo tiempo la libertad y la prosperidad en Occidente.

8.7.2.- Los valores confucianos

Los valores confucianos (sinceridad, benevolecia, piedad filial y propiedad) están más arraigados en Taiwan que en el continente. El confucionismo recomienda el respeto y la obediencia a los gobernantes solo si son virtuosos. De ello se deduce que si un gobernante no es virtuoso puede, y quizás debe, ser reemplazado. Esta interpretación perfectamente válida de los valores del confucionismo es sustentada por la democracia taiwanesa.

Principios confucianos: Benevolencia, rectitud, decoro, sabiduría y responsabilidad.

Ética confuciana: Benevolencia, justicia, sabiduría, confiabilidad y conducta ritual adecuada.

8.7.3.- XI y Taiwán

Xi siempre ha tenido una postura firme sobre la pertenencia de Taiwán a China y la ha invitado a convertirse en una región administrativa especial de la República Popular China bajo la fórmula "un país, dos sistemas". El nuevo libro blanco sobre Taiwán promete no enviar tropas ni funcionarios a Taiwán después de la unificación.

8.8.- China y EEUU

8.8.1.- Hechos recientes

Durante la primera decena del siglo XXI por el inmenso incremento de las importaciones chinas se vació gran parte de la base industrial estadounidense y ello se consideró un error gigantesco que devastó ciudades e incrementó las desigualdades. El porcentaje del total de las importaciones de EEUU de productos fabricados en China aumentó 25 puntos porcentuales , lo que contribuyó a la desindustrialización del llamado "cinturón de óxido" y transformó la economía y la política de EEUU, que no estuvo compensada con un incremento de exportaciones a China. Asimismo, los trabajadores desplazados no pudieron encontrar nuevos empleos fácilmente y los que sí lo hicieron experimentaron bajas salariales.

Ello preparó el escenario para la victoria de Donald Trump.

8.8.2.- Trump y China

Trump, como presidente de EEUU, ha encarnado a su estrambótico modo el ego herido de un Occidente que pierde su hegemonía frente a Asia, porque China ha despertado del todo y está demostrando actuar como el actor con mayor resiliencia y pensamiento estratégico del planeta. Y la alocada política exterior de Trump ha consolidado el ascenso de la nueva superpotencia.

Se atribuye a Napoleón Bonaparte una frase como: "El mundo temblará cuando China despierte". Y parece que la frase atribuida a Napoleón fue profética.

Y China ya ha despertado, aunque haya sido, como ya he expuesto con anterioridad, la ambición de las grandes empresas neoliberales por su mercado la que la ha despertado a toque de trompeta.

8.8.3.-La desconfianza de EEUU con respecto a China

El periodista Zigor Aldama, especialista en temas económicos e internacionales, en un artículo sobre la tecnología china nos comenta "La Agencia americana de Seguridad Cibernética afirma que "el gobierno chino está involucrado en actividades maliciosas en el ciberespacio como robos de propiedad intelectual y de datos críticos para avanzar en sus intereses nacionales. Los gigantes chinos de telecomunicaciones ZTE y Huawei fueron sus primeras víctimas, pero ahora tienen en su punto de mira muchas otras empresas chinas. La empresaria australiana-estadounidense Vanessa Pappas, directora de operaciones de Tik Tok, se negó a prometer que no compartiría información con el Gobierno chino.

La justificación de esta desconfianza siempre es la misma: las empresas tecnológicas chinas son un peligro para la seguridad nacional porque todos estos elementos y aparatos pueden servir como puertas traseras por las que el gobierno chino podría obtener datos e incluso controlar los dispositivos. Influyen para que los legisladores no abran la puerta de los datos de los americanos a los competidores extranjeros y, en especial, a las multinacionales chinas. China es el principal intérprete del miedo y es la excusa perfecta para la inacción.

Y los técnicos afirman que ello es posible, si tenemos en cuenta que en China no hay separación de poderes, mientras en Occidente el judicial y la prensa pueden servir de mecanismos de control del poder político.

Para China lo primordial es mantener el Partido Comunista en el poder y los derechos humanos no son relevantes. China, por ello, puede poner en marcha políticas de espionaje y de control social "más agresivas y espectaculares que las de EEUU", sabiendo que la tentación por acceder a la información de empresas y personas es muy grande para cualquier gobierno.

Como nos lo dice con toda claridad el politólogo, escritor y profesor de Singapur Kishore Mahabubani, no podemos exigir que los chinos dejen de espiar mientras EEUU lo sigue haciendo.

8.8.4.- ¿El futuro entre China y EEUU?

A corto plazo los controles retrasarán el desarrollo tecnológico de China, pero a largo plazo estas sanciones alientan la investigación propia y un giro hacia la autosuficiencia de la industria tecnológica china. "Si no puedes comprarlo, tienes que hacerlo", China ya es el país que más patentes registra y que más publicaciones científicas publica. También es el segundo país que más presupuesto dedica a I+D y con mayor número de investigadores del mundo.

Y lo más relevante es la inversión gubernamental en investigación básica que crece muy rápido, en contraste con EEUU y Occidente. Los centros de innovación tecnológicos mundiales no paran de concentrarse en EEUU y China, quedando el 80% de la población restante en una situación de clara desventaja especialmente en el desarrollo de tecnologías de Inteligencia Artificial (IA).

El PIB de EEUU es 13,9 veces el de Rusia cuando su población es poco más que el doble. El PIB de China es 10,2 veces el de Rusia y la población 9,4 veces mayor. La renta per cápita china es similar a la rusa.

La renta per cápita de EEUU es casi 7 veces superior a la rusa y la de la UE es más de 3 veces superior. Goldman Sachs ha retrasado de la década de los 20 hasta 2035 la fecha en que China supere a EEUU.

Según el escritor y periodista Carlos Manuel Sánchez, el mayor inconveniente de China es la parte financiera. Hoy día el yuan no puede hacer sombra al dólar. Estados Unidos puede hoy ejercer un control sobre los intercambios financieros internacionales porque éstos se desarrollan en dólares y porque controla el mecanismo SWIFT, el sistema que utilizan la mayoría de los bancos para comunicarse.

8.8.5.- Desde Occidente: ¿Qué esperar de China?

Según Henry Kissinger, "Esa idea de esperar a que China se occidentalice con el tiempo ya no es una estrategia viable. En todo caso, las dos superpotencias tienen la obligación común de evitar el estallido de un conflicto catastrófico.

Según Dani Rodrick "Estados Unidos lleva algún tiempo en declive económico frente a las naciones asiáticas en particular, pero la competencia con China ha alcanzado nuevas cotas en los últimos años y determinará el futuro orden o desorden internacional. Pero Biden está en el mismo camino de Trump al exagerar la amenaza china para los intereses vitales de EEUU".

8.8.6.- Desde el punto de vista de Xi:

Desde el punto de vista chino, el capitalismo americano lleva a la desigualdad y el comunismo soviético a la ineficacia.

Xi ha calificado sus relaciones con EEUU como "un nuevo tipo de relaciones entre grandes potencias". Las relaciones con EEUU se deterioraron en la época Trump y desde 2018 ambos países han estado involucrados en una guerra comercial cada vez más intensa.

En 2021 Xi calificó a EEUU como la mayor amenaza para el desarrollo de China, añadiendo que "la mayor fuente de caos en el mundo actual era EEUU".

El 06.03.2023 Xi afirmó que "los países occidentales liderados por EEUU han implementado una contención integral, cerco y represión contra China, lo que trajo desafíos graves sin precedentes para el desarrollo de nuestro país".

Sin embargo, debemos preguntarnos por qué muchos nuevos ricos chinos, aunque parezca una contradicción, están invirtiendo en Estados Unidos. Ello nos viene a demostrar que el dinero no tiene patria y se dirige a Estados Unidos porque es un país más seguro que la propia

China, ya que nadie sabe cómo será China dentro de 40 años. El dinero siempre busca la seguridad.

Debemos tener en cuenta que los chinos también siguen invirtiendo en la propia China, aunque ciertos beneficios más o menos encubiertos se alojen en Estados Unidos, en el resto del mundo y en otras empresas.

8.9.- China y Hong Kong

Xi ha apoyado y buscado una mayor integración política y económica de Hong Kong en China continental con la política de "un país, dos sistemas", pero ello ha creado temores de disminución de libertades en Hong Kong.

Xi apoyó al gobierno de Hong Kong y a Carrie Lam contra los manifestantes en las protestas de 2019 y 2020 y ha defendido el uso de la fuerza por parte de la policía de Hong Kong.

En 2020 se aprobó una ley de seguridad nacional en Hong Kong que amplió drásticamente la represión del gobierno de la ciudad contra todo tipo de oposición.

8.10.- China y Japón

8.10.1.- Es cuestión de éxito

Como nos lo comenta Amin Maalouf en su ensayo "El desajuste del mundo": "Estos países, Japón y China, ven como crece su autoestima y la estima de los demás por su cultura, sus lenguas, sus obras de arte, sus literaturas, sus medicinas ancestrales, etc, tan pronto como un pueblo adquiere la imagen de ganador, el mundo entero le mira con interés y con estima.

8.10.2.- La diferencia entre ellos

Mi admirado maestro José Antonio Jaúregui nos dice: "La diferencia entre ellos, según me lo explicó un amigo chino, reside en que los japoneses viven para trabajar y los chinos trabajan para vivir; los japoneses comen para vivir y los chinos viven para comer; para los japoneses comer es un medio y para los chinos comer es un fin". Esta observación es falaz por exagerada.

8.10.3.- China y Japón

El principal medio de financiación en Japón fue el dinero barato de los bancos, mientras en Europa y EEUU era muchísimo más caro. Visto desde el exterior, Japón estaba en auge e invadía mercados y los japoneses parecían haber conquistado el futuro. La realidad era la contraria. Japón se mantenía gracias al dinero barato, pero la estructura de las deudas se hizo enorme y fue imposible afrontarla con las exportaciones. Los bancos japoneses empezaron a hundirse y fueron rescatados por el gobierno.

Japón utilizó varios sistemas para evitar la depresión y aún sigue renqueando. Solucionó su problema con una generación de bajo crecimiento. China es como Japón pero con esteroides. Pero la pregunta es si su crecimiento es rentable.

8.11.- China y la UE

8.11.1.- El error de la UE y de Occidente

Como antes lo expuse, los verdaderos culpables del éxito chino son, pues, las ansias de las empresas americanas, japonesas, coreanas y europeas por hacerse con una tarta tan suculenta como China, cedieron su tecnología y conocimientos a cambio de participar en la misma y ahora se ven sobrepasadas por una mentalidad empresarial confuciana que está empezando a superarlas.

Desde hace más de veinte años son ellos los fabricantes de todo lo que nosotros utilizamos en el día a día y que nos vemos obligados a comprar en las "tiendas de los chinos" y nosotros quienes debemos reaprender a fabricar elementos tan simples como las mascarillas. Así empezó todo. Y en la actualidad nos están superando tecnológicamente.

Tenemos mucho que aprender de la filosofía confuciana y del saber hacer de los chinos y de los demás países del Oriente asiático, a donde se está trasladando inevitablemente el centro económico mundial. Mientras tanto la UE sigue lamiéndose las uñas de sus garras y cortándoselas para que sean más presentables. Y estamos quedando muy detrás en esta carrera económica. ¿Estamos a tiempo de reaccionar?

China es un Estado que no rinde cuentas a nadie y que lucha con las mayores empresas del mundo por el control de las infraestructuras esenciales del siglo XXI. Dicho de otra manera, China está dando ideas a Occidente sobre cómo tratar a los gigantes a los que los gobiernos tienen muchas dificultades para controlar. Ha llegado la hora de bajar la cabeza y empezar a aprender de ellos.

8.11.2.- La posición de la UE ante China

Úrsula von der Leyen dejó claro que no caben ingenuidades frente a Pekín. Es un régimen crecientemente opresor que busca ponerse en el centro de un nuevo orden mundial. Ante esta realidad, manifestó que la

Comisión estudia nuevos instrumentos para asegurarse que las exportaciones e inversiones europeas no acaben facilitando el auge militar chino. Bruselas está reforzando sus posiciones tras haber aceptado durante años un campo de juego económico que el capitalismo de Estado de China ha desequilibrado a su favor y lo hace cuando Pekín está endureciendo sus exigencias.

Y a partir de ahí, reforzar el diálogo para reducir riesgos y cooperar hasta donde sea posible, teniendo claras las líneas rojas que marcan los principios y también los propios intereses. Nuestro atributo más vital es la capacidad de adaptarnos y crear modos de vida diferentes. La tarea que nos espera consiste en construir economías y sociedades más duraderas y humanamente habitables que las expuestas a la anarquía del mercado global.

La UE se debe reafirmar como la fuerza más poderosa para conducir la acción a gran escala. para salir del agujero y, para ello, vamos a necesitar más intervención grupal como UE y muy creativa. El gobierno europeo tendrá que incrementar considerablemente su respaldo a la investigación científica y a la innovación tecnológica. La influencia gubernamental debe ser omnipresente y más intrusiva.

. Como nos lo recuerda Santiago Carbó en su artículo "Guerra tecnológica y orden mundial": "Europa es el campo de batalla porque, a pesar de no tener ningún gran jugador en el mundo bigtech, es el terreno que tanto China como EEUU quieren dominar por su fuerte demanda. EEUU ha invitado a Europa a no aliarse con China en temas clave como el 5G. Europa debería buscar sus propios gigantes tecnológicos (podría perderse en el intento) y, sobre todo, tiene la necesidad y la obligación de marcar el rumbo de la regulación de los datos del futuro.

El orden económico global resultante no será óptimo si está dominado por tecnológicas norteamericanas sin contrapesos ni regulación. Pero tampoco si está dominado por China mediante una tecnológica controlada por el estado. El Estado no puede ser una organización burocrática, estática, que sólo necesita "arreglar" los fallos del mercado, dejando el emprendimiento dinámico e innovador al sector privado. Es un error. Sin inversiones públicas no habría vacunas ni se tendrían las tecnologías de los dispositivos inteligentes, empezando por Internet. La asociación público-privada debe ser simbiótica y no parasitaria en ninguno de los dos sentidos.

8.11.3.- Alemania & China: La dura realidad

Las exportaciones de autos de China ya superaron a los de Alemania en 2022, gracias a un incremento del 54% y se prevé que supere a Japón para convertirse en el mayor exportador de autos del mundo en 2023. Los fabricantes occidentales se encontraron con una dura realidad: decenas de nuevos vehículos eléctricos (VE) de fabricación china viene para quedarse con su cuota de mercado.

Los nuevos modelos eléctricos chinos (BID y Nio) con sus baterías y sensores de última generación han atraído el interés de los compradores chinos que amenazan a las firmas alemanas (Audi, BMW y Mercedes) a dejarlas como pasadas de moda, considerando que todo su conocimiento tecnológico se vuelva obsoleto.

Alemania ya está experimentando su propia versión del shock de China. Hasta el año pasado Alemania era un exportador neto de autos. Hoy, por primera vez en la historia, está importando más coches de China que los que exporta. De enero a agosto de 2022 Alemania importó 1,8 millones de autos de China y exportó 1,7 millones. Una tendencia similar se produce en el sector de herramientas mecánicas, donde las exportaciones de China han superado a las de Alemania.

Durante años Alemania se benefició del boum económico de China y ahora está pagando sus enormes errores por pensar y beneficiarse del cortoplacismo, según opina JAT.

La inmensa ironía está en que lo que facilitó la acelerada industrialización de China fueron las importaciones masivas de maquinaria alemana, particularmente autos y herramientas mecánicas, que son cruciales para Alemania. Pekín exigía estas transferencias de tecnología como un requisito previo para acceder a su mercado.

Y en 2024 hay ventajas significativas de China sobre Alemania:

1.- En un momento de disrupción tecnológica, la experiencia pasada es irrelevante. China no necesita ser un experto en el motor de combustión para derrotar a Alemania en el mercado de los vehículos eléctricos.

2.- Su tamaño le permite escalar la producción, acelerar el proceso de aprendizaje y reducir los costes rápidamente. Así es como China se convirtió en un líder global en el sector de las baterías de iones de litio y en el desarrollo de las baterías de sodio.

¿Qué puede hacer Alemania?

Podría tomar varias medidas:

1.- Intentar atraer inversión extranjera directa de empresas de baterías chinas y fabricantes de semiconductores asiáticos

2.- Podría imitar a China y realizar operaciones conjuntas entre empresas domésticas y starups extranjeras. Eso ayudaría a Alemania a achicar la brecha de conocimiento en tecnología en IA, que será crucial para los autos autónomos y les permitiría a los ingenieros alemanes adquirir las capacidades necesarias para seguir siendo competitivos en el ámbito global.

3.- Alemania puede y debe tomar la delantera en la creación de una versión europea de la Agencia de Proyectos de Investigación Avanzados de Defensa del Gobierno de EEUU.

Al aplicar ingeniería inversa a la estrategia china en materia de política industrial y a la estrategia de innovación de EEUU, Alemania podría impulsar un dinamismo económico en el país y en otras partes de Europa, evitar las consecuencias negativas de un shock de China y preparar a su economía para los desafíos del siglo XXI

Pero, según mi criterio, Alemania, y con ella todos los países de la UE, deben tomar conciencia exacta de sus propias debilidades y de la fuerza que puede generar un esfuerzo unitario entre todos ellos.

Sin darnos cuenta, seguimos hablando de Alemania cuando sólo debiéramos hablar en primer lugar y actuar en segundo lugar como lo que pretendemos ser y necesitamos ser, es decir, como la UE, como la Unión Europea que no puede ni permitirse el lujo de dudar sobre lo que somos y sobre lo que queremos ser. Si no llegamos a entender este mensaje, seremos barridos en un corto plazo de tiempo.

8.11.4.- La UE con respecto a China

Tiene que recalibrar su política ante China por al menos tres razones:

1.- Los cambios dentro de China, con el nacionalismo y la ideología en alza

2.- El endurecimiento de la competencia estratégica entre EEUU y China

3.- El ascenso de China como actor clave en cuestiones regionales y globales.

Europa está perdiendo el tren del liderazgo en innovación: el último "R&D Scoreboard" analiza los 2.500 empresas del mundo que destinaron más de 50 millones de dólares en el año 2022 a I+D y deduce:

- Mas de la mitad de las empresas líderes en EEUU, China y Japón destinan más del 50% de los beneficios operativos a I+D
- Las empresas europeas solo dedican el 39,2%
- Las 12 empresas españolas que aparecen el12,4% a I+D

Según Josep Borrell, no hay alternativa viable al tríptico de tratar a China como socio, competidor y rival sistémico, dependiendo de la cuestión. Debemos seguir dialogando con China siempre que sea posible y, al mismo tiempo, reducir los riesgos y vulnerabilidades estratégicos, recalibrando nuestra postura en tres grupos de cuestiones:

1.- Valores: nuestras diferencias se están endureciendo: China subordina los derechos fundamentales al derecho al desarrollo. La UE debe defender los derechos humanos. Debemos conocernos mejor eliminando los obstáculos a la libre circulación de ideas y a la presencia de europeos en China. De lo contrario, China y la UE serán cada vez más extrañas la una para la otra.

2.- Seguridad económica: Nuestras relaciones económicas están desequilibradas con un déficit comercial de más de 400.000 millones de euros al año para la UE. Esto no se debe a la falta de competitividad de la UE, sino a las decisiones y políticas deliberadas de China. Las empresas europeas se enfrentan a obstáculos persistentes y prácticas discriminatorias. Además, la UE se enfrenta a un riesgo creciente de dependencia excesiva en relación a determinados productos y materias primas fundamentales.

3.- Seguridad estratégica: De ahí la importancia de reducir los riesgos y aumentar la resiliencia también por razones de seguridad nacional. Esto requerirá la diversificación y reconfiguración de las cadenas de valor de la UE, un control de las exportaciones más eficaz, el control de las inversiones entrantes y posiblemente salientes y el uso inteligente del instrumento contra la coerción. Y todas las medidas ajustadas a las normas de la OMC. Tenemos que revitalizar el sistema multilateral, no abandonarlo.

8.11.5.- La UE, China y los países emergentes

La UE se encuentra ante dilemas incómodos ante todo ello. La UE se construyó sobre la idea de la prosperidad compartida y hoy es potencia de paz y, por ello, no queremos bloquear el ascenso de las naciones emergentes, ya sea China, india u otras.

Pero queremos asegurarnos de que ello no perjudique nuestros intereses, no amenace nuestros valores ni ponga en peligro el orden internacional basado en normas.

8.11.6.- China y España

China es el segundo proveedor de España y el duodécimo cliente para sus exportaciones. España es la cuarta economía de la UE, pero solo es el octavo país en inversiones de China en Europa. De las 14.761 filiales de empresas extranjeras en España, apenas un centenar son chinas. La inversión china acumulada en España hasta 2022 sumaba 11.347 millones de euros y la mayor parte de las inversiones chinas en España han sido en tres sectores desde 2012: el energético, el inmobiliario y los servicios a edificios (NH hoteles).

Aunque hay nuevas inversiones chinas previstas en España como la del fabricante de baterías chino Envision con un compromiso de inversión de 900 millones de euros para una fábrica de electrolizadores para producir hidrógeno. El año pasado invirtió 2.500 millones en una planta de baterías y otra de turbinas eólicas.

Sánchez visitó China este final de verano de 2024 con el objetivo de traer una fábrica china MG de coches eléctricos a España. La entrada de empresas chinas en España entraña desafíos para las empresas locales, no solo en costes sino también en capacidad de innovación.

8.12.- China y Occidente

8.12.1.- China para Occidente en el siglo XXI

Como nos lo expone con claridad y contundencia Zigor Aldama en su artículo sobre la tecnología china, su irrupción en Occidente provoca el mismo temor en Occidente que un elefante en una cacharrería. Los fabricantes occidentales se han encontrado con una dura realidad: decenas de nuevos vehículos eléctricos (VE) de fabricación china viene para quedarse con su cuota de mercado.

8.12.2.- Ventaja china en la toma de decisiones

Una de las diferencias fundamentales con Occidente es que en China nadie puede exigir responsabilidades al gobernante. Es un régimen autoritario, pero ha pensado en los problemas sociales por anticipado y desde Occidente no debemos mirar despectivamente sino evaluarlo adecuadamente. Es una gran ventaja si se acierta en las decisiones al no depender del juicio ajeno, pero también en un inmenso inconveniente en el supuesto contrario si no se permite el consejo o aviso ajeno por temor o miedo a la revancha. Y China parece haber acertado al tener en cuenta, antes de cualquier otra prioridad, en primer lugar, el desarrollo humano y en segundo lugar el avance tecnológico.

Puede ser mucho más perjudicial para los países occidentales en el campo tecnológico la falta de acuerdo, en especial en el caso de la UE, para tomar decisiones, incluso arriesgadas, que deberán ser resueltas si no se quiere perder el tren del futuro cercano. Imitar a China en aquellos aspectos distintivos que le generan ventajas, pero sin perder nuestra democracia, debe ser un acto de humildad necesario y obligatorio.

8.12.3.- Sobre el cambio de época

Es China la que está impulsando un relato de cambio de época y nuevo rumbo de la historia. Rusia lo intuía, pero China lo sabe y se está posicionando para sembrar las semillas de su futura hegemonía en los escombros que dejen las guerras de Ucrania e Israel.

El escritor y filósofo francés Pierre Levy utiliza las palabras "tecnopoder mundial" para definir a las grandes compañías tecnológicas: Estados-plataforma (Apple, Microsoft, Google, Facebook, Amazon y compañía) que ya están por encima de los Estados-nación y se están convirtiendo en nuevas formas de Estado.

Probablemente:

1.- Acabarán desarrollando sus propias monedas

2.- Ya tienen métodos de reconocimiento de identidades más precisos que los propios Gobiernos.

3.- Ya regulan la opinión pública puesto que son ellas las que dominan las redes sociales donde la gente se expresa, así que si deciden censurar algo, lo hacen y punto.

4.- Tienen un poder ilimitado y

5.- Están conformando una gran alianza con los gobiernos mediante colaboraciones con los servicios secretos, la policía, el ejército y sobre todo en EEUU y China.

Es un gran problema que el tecnopoder supere definitivamente al poder político y sobre todo en Europa, por carecer de empresas poderosas como Google o Amazon. Levy encuentra deprimente que Europa se presente como un mero poder reglamentista ante esos gigantes que tienen una inmensa capacidad tecnológica y una inmensa capacidad de satisfacción de los clientes : esa reglamentación puede ejercer de contrapeso, pero es bastante pesimista acerca de cómo equilibrar el poder de los Estados-Plataforma.

Según su criterio, lo que distingue al ser humano es el lenguaje. Y cuando se inventó la escritura, y luego el alfabeto y luego la imprenta y luego los medios de comunicación electrónicos, se fue multiplicando esa potencia del lenguaje. Y piensa que eso condiciona todo el resto, toda la evolución económica, política y cultural. Cuando se vio que los ordenadores no eran simplemente máquinas calculadoras, Levy consideró claramente que el ser humano entraba en una nueva etapa.

Desde el momento que hay lenguaje, hay mentira y manipulación. La naturaleza humana no se ha transformado, sigue siendo la misma. Así que, en el fondo, esas posibilidades tecnológicas son como un espejo que nos hace reflejarnos en él y ver lo mejor y lo peor que hay en nosotros.

Está claro que la gente no se ha vuelto mala o más sensible a las teorías conspiranoicas por culpa de las redes sociales. Rumores absurdos ha habido a lo largo de toda la historia. La propaganda y la manipulación han existido siempre. Los servicios secretos de las grandes potencias ya los pusieron en marcha antes y después de la guerra, la única diferencia es que hoy se usan nuevos instrumentos.

El principio es exactamente el mismo: dividir al adversario, servirse de imágenes de fuerte ingrediente emocional, etcétera. Y para este campo, el tecnopoder está mucho mejor preparado que todos los gobiernos, salvo quizás el Chino, que lo ha sabido analizar y desde su capacidad dictatorial incluso lo está utilizando para en un cercano futuro controlar el mundo.

Como lo expone el politólogo, escritor e intelectual de Singapur Kishore Mahabubani, tarde o temprano, China tendrá la misma capacidad de entrar en las redes de comunicación que tiene ahora EEUU ; con Huawei o sin Huawei. Los europeos pueden dejar fuera a Huawei, pero no servirá para dejar fuera a China.

Parece que son las grandes compañías y no los gobiernos quienes parecen tener las llaves de la prosperidad. El orden internacional es la ley de la selva. La guerra de las vacunas nos habla del poder, no del mercado: es la competición descarnada entre los Estados y las grandes compañías.

Como también nos lo confirma el escritor Yuval Noha Hariri, el centro del imperio mundial está repartido entre EEUU y China. Las diez mayores compañías del mundo son de EEUU o China.

Una Europa unida debería intentar convertirse en contrapeso.

8.12.4.- Sobre el cambio de la actitud occidental con China

Como nos lo comenta el economista y estratega indio Azad Zangana la situación en China se ha vuelto incómoda. Hay corporaciones que ya no exportarán más al país por miedo, por ejemplo, a perder su capital intelectual o su tecnología. Los inversores ya no están destinando su dinero a China, lo que significa que irán a lugares más amistosos como la India, Vietnam, Corea o Singapur.

8.12.5.- Reparto del gasto militar en 2.022

	Miles de millones de dólares
EEUU	811
China	297
Rusia	71
Reino Unido	69
Alemania	57
Francia	56
Italia	34
España	21

8.12.6.- Reparto del PIB en el mundo en 2.022

	Miles de millones de dólares
EEUU	26.949
China	17.700
Rusia	1.862
Alemania	4.429
Reino Unido	3.332

Francia	3.049
Canadá	2.117
Italia	2.186
España	1.582

9.- China vista desde Occidente

9.1.- Neoliberalismo chino & Neoliberalismo occidental

9.1.1.- Sobre el neoliberalismo

Nos encontramos ante un hecho real: el neoliberalismo está absolutamente asentado en la economía mundial y sus principios esenciales de funcionamiento han sido aceptados hasta por China. ¿Cómo evolucionará a corto y medio plazo?   Estamos en una lucha en la que debemos participar activamente si no queremos ser devorados por las fuerzas entrelazadas del neoliberalismo más feroz en el terreno económico y la extrema derecha de tinte dictatorial en el terreno político, fiel e interesado servidor.

Pero ambos sistemas neoliberales, el occidental y el chino, coinciden en dos aspectos fundamentales: por una parte, el incremento progresivo de las desigualdades sociales y económicas y por otra una concentración progresiva del poder político en las élites económicas.

Las grandes tecnológicas americanas consideran que solo ellas son fiables porque , y no las asiáticas, pueden someterse a reglas democráticas, y no las chinas porque están sometidas a un gobierno dictatorial. Es un falso argumento: ¿Es que acaso hay democracia en las decisiones de las grandes empresas occidentales? ¿Se preocupan de reducir las tremendas desigualdades económicas actuales o más bien las incrementan?

Sólo, en mi criterio, unos gobiernos democráticos fuertes pueden garantizar que las grandes empresas tecnológicas

9.1.2.- Sobre el capitalismo político chino

El economista servo-estadounidense especializado en desigualdad económica Branco Milanovic nos comenta: "La desafección con la política es lo que buscan los países interesados en derivar hacia modelos similares al "capitalismo político" de China: A cambio de garantizarle al pueblo mayores tasas de crecimiento, el sistema tiene la ventaja de cimentar a su élite en el poder. Eso sí, con la amenaza siempre presente de perder legitimidad.

En el capitalismo chino a la desigualdad de sueldos hay que sumarle la que provoca una corrupción que es inherente al sistema donde el estado de derecho se aplica de forma discrecional. El objetivo de las purgas periódicas en China no es eliminar por completo con la corrupción, porque en cierta forma la élite la necesita para gobernar, sino dar lecciones ejemplarizantes para no perder legitimidad".

9.2.- Atractivo de China para otros países

China ejerce de constatación y ejemplo máximo del cambio de los tiempos y de que ahí fuera hay una modernidad alternativa. Lo que ha cambiado es que vemos que hay otros sistemas que pueden ser exitosos económicamente. China ha construido un hospital en diez días

Y ya hay líderes mundiales, como ejemplo sirven Putín (en Rusia) y Erdogan (en Turquía), que han empezado a respaldar sus criterios políticos en justificaciones de eficiencia económica similares al modelo chino para alcanzar legitimidad suficiente antes sus respectivos pueblos e imponer unas dictaduras disfrazadas de democracias.

El éxito chino también alimenta los egoísmos de tinte dictatorial de los políticos de extrema derecha de cada vez más países de todo el mundo y en especial de países subdesarrollados o en vías de desarrollo. Muchos de ellos hablan ya de una figura denominada "capitalismo político" para referirse a control exhaustivo de las libertades y derechos de los ciudadanos y de la propia economía.

Con el ejemplo de China hay quienes aprovechan la limitación de la libertad de movimientos para adoptar medidas abusivas como:
1.- Filipinas: Rodrigo Duterte amenaza con disparar a quienes no cumplan el confinamiento. 2.- India: Narendra Modi: a bastonazos
3.- Hungría: Víctor Orbán ha ampliado el estado de emergencia con limitación permanente de las libertades políticas, la celebración de elecciones y la apertura del Parlamento. Equivale a plenos poderes.
4.- Estonia. Letonia, Rumanía y Bulgaria se han acogido a la derogación de su compromiso con la convención de los Derechos Humanos del Consejo de Europa: pueden limitar derechos y libertades mientras dure la pandemia. 5.- En Chile, Hong Kong y Argelia se han prohibido las protestas por prescripción médica. etc.

Otros casos de capitalismo político son Vietnam, Singapur, malasia y Laos y al menos seis países africanos. Y también encajan aquí países capitalistas que formalmente o de facto son gobernados por partidos únicos que se perpetúan en el poder.

9.3.- ¿Corrupción en China?

Todo poder genera corrupción, conforme a las tres Leyes de la Naturaleza Humana, por las que el egoísmo, la fuerza y la insatisfacción permanente siempre se imponen en la mente del ser humano cuando, de la forma que sea, consigue tener poder. En China no puede ser diferente, pero tienen una organización administrativa funcionarial con mentalidad confuciana, aunque tremendamente controlada por el poder, que sabe ordenar, disimular y hacer funcionar el sistema de forma muy eficiente. A cambio de garantizar a sus ciudadanos mayores tasas de crecimiento económico y mejor nivel de vida, lo que se persigue es un asentamiento y cimentación de la élite en el poder. Lógicamente, a la desigualdad de sueldos se suma una corrupción generalizada común a todos los regímenes dictatoriales, pero mejor trabajada que en la mayoría del mundo por la eficiencia de los sistemas confucianos de control. Incluso las purgas periódicas ejemplarizantes pretenden hacer entender, aunque solo lo crean quienes están dentro de China, que los corruptos la pagan.

Xi Jinping llegó en 2012 al máximo cargo del PCCh, en 2017 eliminó el tope constitucional a la permanencia en el cargo y actualmente se le considera el líder más poderoso desde Mao Zedong. Cuando llegó al poder llevó a cabo una enérgica campaña contra la corrupción y supo desactivar a sus detractores.

9.4.- Problemas estructurales de China

9.4.1.- Así ve Thomas Piketty a la China de hoy
- Se parece cada vez más a una dictadura digital perfecta, tan perfecta que nadie quiere asemejarse.
- Modelo de deliberación del Partido que no deja huellas en el exterior
- Vigilancia generalizada de la población en las redes sociales
- Represión de los disidentes
- Embrutecimiento del modelo electoral en Hong Kong
- Amenazas al sistema democrático de Taiwan
- Fuerte aumento de desigualdades
- Extrema opacidad de la distribución de la riqueza
- Declive demográfico a la vista por el envejecimiento acelerado de la población

9.4.2.- China según Dani Rodric
Lo que me preocupa de China es el endurecimiento de su régimen político es estos últimos años. Y eso no son buenas noticias para su economía ni, sobre todo, para los propios chinos.

9.4.3.- Los problemas de China según Claudio González
1.- El más grande es sutil: un sistema como el chino, que intenta optimizar tanto y que busca que todo el mundo sea igualito, choca con las personas. La gente soporta tanta presión y hay tantos candidatos para cada puesto que cada cual mira para lo suyo. Su nivel de egoísmo es muy superior al nuestro: si te caes en la calle, pasan de largo.

2.- China para él tiene además una enorme dependencia alimentaria del exterior. No puede abastecer a su población porque no hay suficiente tierra cultivable en buen estado.

9.4.4.- Los problemas de China según los expertos

Según Paúl Krugman hay grandísimos desequilibrios de la economía china:

1.- El consumo privado se mantiene muy bajo

2.- Tasas de inversión muy altas, pero con rentabilidad cada vez más escasa

3.- Desaliento ante nuevas iniciativas

4.- Sector inmobiliario excesivo: enorme burbuja de la vivienda (20% del PIB). China ha sabido enmascarar durante varios años el problema de la insuficiencia del gasto de los consumidores fomentando una gigantesca burbuja inmobiliaria, que llegó a ser demencialmente grande según los estándares internacionales. Y acabó pinchando.

5.- La población en edad de trabajar se está reduciendo en China desde 2015. La población total alcanzó el máximo en 2010 y no ha parado de reducirse desde entonces.

6.- El aumento del PIB declarado por China de 2023 (5,2%) despierta escepticismo en muchos, ya que, como Estado autoritario, puede decir lo que más le conviene decir. Y las estadísticas oficiales dicen que China sufre una deflación al estilo de Japón y registra un elevado desempleo juvenil, lo que significa que puede estar entrando en una era de estancamiento y decepción.

El economista estadounidense Kenneth Rogoff se expresa así: "Soy profundamente escéptico con respecto al anuncio del crecimiento declarado por China del 5,2% en 2023. Creo que la economía china lidia con la deflación, una caída de los precios de los inmuebles y una demanda débil resultan cada vez más evidentes. Ello podría llevar a China al borde de una "década perdida" al estilo de Japón".

9.4.5.- Los problemas de China según David Shambaugh

El profesor de estudios asiáticos David Shambaugh añade que, pese a las apariencias, el sistema político chino está muy fracturado y entre sus principales rasgos expone:

1.- La huida de las élites económicas hacia el exterior
2.- El aumento de la represión
3.- La corrupción sistemática

El deterioro del crecimiento económico provocará, si Shambaugh tiene razón, la erosión de esa especie de contrato social a medida que la economía se enfríe y el país quede atrapado en una ratonera de rentas escasas. Entonces, los desequilibrios económicos y sociales acabarán por traducirse en tensiones políticas

1.- La capacidad tecnológica de China es muy potente pero su productividad general también parece estar estancada.

2.- Parte de la respuesta es un mal liderazgo. Xi Jinping empieza a dar muestras de intervenciones arbitrarias, algo que los autócratas suelen hacer, que han asfixiado la iniciativa privada.

3.- El modelo económico chino se está volviendo insostenible por múltiples razones como:

3.1.- La represión financiera (pagar pocos intereses por los ahorros y conceder préstamos baratos a los prestatarios favorecidos) que mantiene bajos los ingresos de las familias y los desvía hacia inversiones controladas por el gobierno.

3.2.- Una débil red de seguridad social que lleva a las familias a acumular ahorros para hacer frente a posibles emergencias y otras más.

9.4.6.- La economía china según Daron Acemoglu

El economista Daron Acemoglu nos expone su propia visión sobre la realidad china en su artículo "Taiwán importa": "Su modelo exportador ha sacado a cientos de millones de personas de la pobreza y ha producido una enorme clase media, pero China debe su "ventaja comparativa" en el sector manufacturero a instituciones represivas. Los trabajadores chinos tienen pocos derechos y a menudo trabajan en condiciones peligrosas. Y el Estado depende de subsidios y crédito barato para apuntalar a las empresas exportadoras. Además, las políticas chinas se produjeron a expensas de los trabajadores estadounidenses, que perdieron sus empleos ante un aumento incontrolado de importaciones chinas. La economía china creció y El Partido Comunista pudo invertir en tecnologías represivas más avanzadas.

La trayectoria de China no augura nada bueno para el futuro. Su creciente poder económico amenaza la estabilidad global y los intereses estadounidenses. El crecimiento económico no a hecho a China más democrática. Los periódicos y comentaristas políticos chinos comparan de forma constante la eficiencia del sistema chino con la entrampada política occidental, al tiempo que plantean que la eficacia está más en línea con los valores y la cultura chinos. Pero ¿Es así realmente?"

9.4.7.- ¿China exhibe sus pies de barro?

El licenciado en Historia especializado en economía china Rory Green nos dice que los problemas de la economía nipona parecen clonar en la economía china actual (2023-2024): la quiebra del gigante promotor inmobiliario Evergrande, la proliferación de activos tóxicos de la banca en el sector inmobiliario, la acumulación de deuda soberana, en especial por gobiernos locales, y la caída libre del consumo por el galopante desempleo juvenil y el elevado endeudamiento de las familias para saldar sus obligaciones hipotecarias contratadas en el pasado reciente.

Pekín ha intervenido en las Bolsas con adquisiciones masivas por un valor superior a los 278.000 millones de euros para contener una masiva fuga de seis billones de dólares y estabilizar su divisa.
Parte de esta situación surge del intento de Pekín de poner paños calientes a varios excesos, sobre todo en el sector inmobiliario y la

deuda local. Desde 2016 los tecnócratas no han sabido reaccionar al intento de cambiar el sistema productivo del país.

En China la tasa juvenil llegó al 21,3% en el verano de 2023. La rigidez del mercado laboral revela un embudo de contratación de talento joven que ha puesto el freno al consumo y paralizado la compraventa de viviendas que explica el desánimo individual a pedir créditos o las fugas de capitales. El paro juvenil también ha empujado al vacío la tasa de nacimientos ante la presión que las familias ejercen sobre sus jóvenes para encontrar trabajo. Por todo ello consideran que el retorno del gigante asiático como motor global será especialmente complejo.

9.5.- ¿Es posible una democracia en China?

El presidente chino actual y su grupo de poder están sometidos, como todos los seres humanos, a las tres leyes de la naturaleza humana y a sus tendencias innatas.

Hemos de entender los siguientes hechos históricos:

1.- En China llevan miles de años de historia sin democracia y el individuo (Homo Sapiens) tiene tendencia innata al gregarismo y a malvender su "libertad" a cambio de "seguridad"

2.- Nunca una persona en la cima del poder y del dinero ha renunciado a ellos ni se ha arriesgado a dejarse "juzgar por terceros", salvo que se le haya obligado por la fuerza. - Hay una formidable organización en el Partido Comunista Chino y un ejército enorme, bien armado, organizado y disciplinado nos hacen presagiar una larga vida al sistema político actual.

3.- Ha habido unas mejoras constantes en el nivel de vida de los ciudadanos chinos, como nunca había sucedido en la historia de este país.

4.- Y, además, debemos tener en cuenta la inmensa influencia del neoliberalismo, que no ve con malos ojos los sistemas políticos dictatoriales y en especial el de China, y el enorme potencial político y económico de China, a donde todas las grandes empresas industriales han ido a intentar ampliar sus propios mercados.

Considero por todo ello, aunque quisiera equivocarme, que China seguirá con su actual sistema social, político y económico durante mucho tiempo.

¡Y esperemos que no sea demasiado contagioso!

La contradicción principal de la sociedad china se ha desplazado desde la posición maoísta de la lucha de clases contra los capitalistas, hacia otra de absoluta confluencia con el propio capitalismo.

¿Será China capaz en el futuro próximo de mantener la concordancia entre un desarrollo desequilibrado y las aspiraciones de los chinos a una existencia mejor? ¿Cómo podemos participar en la potencial democratización de China?

¿Es realmente una prioridad en esta primera parte del siglo XXI o más vale aplicar el principio del "primum vivere, deinde filosofare", dejando que siga prosperando con un sistema político dictatorial, pero con unos criterios confucianos que fomentan el desarrollo económico y formativo de toda la población a marchas forzadas?

El gran filósofo Confucio sentó las bases de un buen gobierno en China lo que hizo posible que durante muchos siglos los chinos tuvieran un sistema administrativo de orden, con un servicio civil bien desarrollado y una apreciación bastante satisfactoria sobre muchos de los problemas modernos de la administración pública, pero nunca se basó en el concepto occidental de democracia.

La administración actual china ha conseguido una mejora formidable del nivel económico y social de una gran parte de la población y sigue avanzando en esa tarea, aplicando, según ellos mismos afirman, los principios confucianos dando absoluta prioridad a la economía y a la educación. Pero nosotros no podemos renunciar nunca a los derechos humanos, al derecho a la libertad de criterio y de pensamiento. Las preguntas que podemos hacernos son:

¿Es prematuro plantearse una democratización apoyada y animada desde el llamado "mundo libre" mediante garantías plenas a sus actuales dirigentes por su excelente gestión económica de los últimos 40 años?

¿Podemos garantizar comprensión y absoluto respeto a todos ellos siempre que planteen a corto o medio plazo unas vías no violentas hacia la democracia y el respeto de los derechos humanos de los chinos? ¿Puede ser conveniente propiciar un cambio político sin prisas, pero sin pausas?

Hay que reconocer que es muy difícil ceder el poder y que el Partido Comunista Chino en su propia propaganda sustenta que sus valores son incompatibles con la democracia y que no hay una alternativa viable al gobierno de un solo partido.

9.6.- ¿China amiga?

Esta frase es una contradicción en sí misma. Como nos lo expone el politólogo Kishore Mahabubani las superpotencias siempre esperan de los demás que obedezcan. Lo ha hecho Inglaterra en el siglo XIX, Estados Unidos en el siglo XX y lo hará China a medida que se haga más fuerte. China, siguiendo las enseñanzas de Sun Tzu y de Confucio, respeta la máxima de que la mejor manera de ganar una guerra es no librándola.

¿China espía? No podemos exigir que los chinos dejen de espiar mientras Estados Unidos lo sigue haciendo. Los países no tienen amigos, sino intereses. Ya hay 120 países que tienen a China como principal socio comercial. Es una cuestión de interés, los sentimientos no tienen nada que ver. El poderoso no tiene amigos. Y a medida que su poder crezca, que lo hará, iremos conociendo el alma de la verdadera China.

Si consideramos que el neoliberalismo no es amigo de guerras sino de alcanzar el dominio mediante el control económico, debemos esperar que las actuaciones futuras de China serán las de controlar la economía mundial y no otras. En cuanto a la política internacional, China se ha ido haciendo cada vez más decidida a medida que Estados Unidos se retiraba del escenario mundial por decisión de Trump. Ha creado, junto a varios países asiáticos, la mayor zona de libre comercio del mundo y ha ido tejiendo una amplia red de amistades para defender sus intereses e imponer su voluntad de una forma directa o indirecta.

9.7.- China y el Covid

La expansión en el ser humano del Covid-19 se inició en WUHAN, una provincia de China. Dada la opacidad del régimen chino, nadie tiene la certidumbre de cómo se inició y si las causas fueron naturales o si pudo haber algún fallo médico o de investigación que provocara su expansión.

Pero lo que si debemos tener en cuenta es que el Gobierno chino ocultó la verdad de su existencia y de su falta de control hasta demasiado tarde, siendo ésta, según la opinión de cada vez más expertos, la causa fundamental de su expansión por todo el mundo, de la muerte de millones de personas y de la descomunal recesión económica que también está causando hambres y perjuicios. Así opina el filósofo Daniel Innenarity quien considera que los chinos actuaron con falta de lealtad, no informaron antes de lo que estaba ocurriendo y ahora quieren compensarlo regalando mascarillas y vacunas.

Adela Cortina pone en duda el ejemplo de eficiencia de China, porque se ha constatado que cuando nació el virus lo primero que hicieron fue silenciarlo. Y por eso se perdieron muchas vidas. Sucede porque los gobiernos totalitarios son opacos. No se sabe cuánta gente ha muerto en China ni se puede contrastar si de verdad han vencido al virus.

Igualmente, el escultor chino Ai Weiwei, exiliado por razones políticas, afirma categóricamente que China ocultó la verdad y ello ocasionó la expansión de la pandemia, exponiendo que el Partido Comunista Chino (PCCh) es la organización más fuerte del mundo y ejerce su autoridad a través del control del pensamiento.

La pregunta que todos nos hacemos y cuya respuesta no conoceremos al menos durante bastantes años es si podía haberse controlado mejor en Wuhan y evitado su expansión pudiendo haberse evitado así el fallecimiento de millones de personas y la brutal crisis mundial que ha originado. Al mundo le habría ayudado mucho que las autoridades de Wuhan no hubiesen recurrido a la censura tras la aparición de los primeros indicios de una nueva enfermedad pulmonar y de haber actuado así, es probable que el virus ni siquiera hubiera salido de China.

Son preguntas sin respuesta, pero que nos dejan la tremenda duda sobre la responsabilidad o irresponsabilidad del gobierno chino e incluso sobre su fiabilidad presente y futura. Necesitamos que lo aclaren diciendo la verdad, pero no la tendremos.

¿Cómo fue la respuesta de China a la pandemia?

En Occidente la gente se preocupa demasiado por los derechos individuales y la protección de datos, pero en China pueden organizarlo todo de una forma más centralizada y rápida sin respetar en absoluto esos conceptos porque no existen en su sociedad. Y eso ayuda mucho.

Además de recurrir al "big data", se han valido de instituciones propias de la primera era del comunismo: en enero 2020 volvieron a activar los comités vecinales, una organización de base que cubre a toda la población y que nada tiene que ver con las organizaciones voluntarias. Estos comités están rígidamente organizados y supervisados y controlan las entregas de comida y medicamentos, supervisan las cuarentenas de sus habitantes, distribuyen tarjetas de acceso o realizan visitas de control. Este sistema permite una evaluación o valoración exhaustiva de los ciudadanos. En China no hay ningún momento de la vida cotidiana que no esté sometida a observación. Se controla cada clic, cada compra, cada contacto, cada actividad de todos sus ciudadanos en las redes sociales.

Prácticamente no existe la protección de datos. En el vocabulario de los chinos no existe el término "esfera privada", no es posible escapar de la cámara de vigilancia. Y ello ha resultado ser enormemente eficaz para contener la epidemia. Todos los movimientos y contactos de las personas son captados y así se puede controlar todo.

En Wuhan, basándose en microdatos, se averigua quiénes son los potenciales infectados y con quienes han contactado. A China el virus le ha proporcionado, como nos lo comenta John Gray, una serie de argumentos para ampliar la vigilancia estatal e implantar un control político todavía más estricto sobre sus habitantes. Podemos reconocer que la respuesta de China al Covid-19 fue contundente y eficaz, pero nos queda una duda enorme:

¿Desde cuándo conocían en China la existencia del virus? ¿Si, como piensan algunos investigadores, el virus se produjo en un laboratorio, o incluso si no fuera así, por qué no extendieron su conocimiento hasta que fue demasiado tarde para muchos otros países? ¿Es fiable la actual China?

Apenas hay cifra sobre la que el gobierno chino no haya mentido en algún momento: resultados económicos, cifra de suicidios, contaminación, etc.

China creció un 2% en 2020 mientras Occidente se contrajo como todo el resto del mundo y se espera que para 2030 supere a Estados Unidos como la mayor economía del mundo. ¿Cómo será nuestro futuro?

9.8.- Autoritarismo & democracia

Como nos lo explica Lluís Bassets, China cuenta con el inconveniente adicional de una gestión oscura, a cargo de un régimen autoritario como el chino, que se ofrece como medida alternativa al capitalismo occidental.

El autoritarismo es eficaz para construir hospitales a toda prisa o confinar a millones de personas en sus casas, como está sucediendo en China, pero sin transparencia no hay confianza. Surgen entonces los rumores infundados, las teorías de la conspiración, la xenofobia y la epidemia del miedo, agentes excelentes para dramatizar y agravar cualquier peste.

Los que disfrutamos de la cultura de la Ilustración consideramos que el peor virus es el del autoritarismo, pero como lo está demostrando China, al menos hasta la fecha (abril 2024), los resultados de su gestión autoritaria son asombrosos y ha conseguido que el país más poblado del mundo (más de 1.400 millones de personas) haya evolucionado de la miseria casi absoluta hasta conseguir la mayor clase media del planeta, (más de 400 millones) entendiendo como tal a las familias trabajadoras con una renta per cápita que les permite una vida amable.

"Primum vivere, deinde filosofare"

Ni siquiera los propios dirigentes chinos, como ya lo hemos estudiado, eran capaces de ni siquiera vislumbrar el éxito obtenido y, por ello, no nos debe extrañar que muchos aprendices políticos de países retrasados económicamente estén mirando hacia China para aprender e imitar en aquellos aspectos que sean compatibles con su propia idiosincrasia y sus propias capacidades.

¿No nos hace pensar que utilizar una administración de estilo confuciano y un respeto al gobernante siempre que responda a las verdaderas necesidades del pueblo, puede ser mucho más eficaz para desarrollar muchos países que una democracia en la que los políticos se pelean entre ellos y nunca se ponen de acuerdo sobre las decisiones a tomar?

El mismo Confucio nos recuerda que el pueblo tiene derecho a derrocar al gobernante que no se preocupa de mejorar la economía popular. Da que pensar.

Según el politólogo, intelectual y escritor de Singapur Kishore Mahabubani, la mejora de China no es el resultado del sistema comunista, sino del ingenio de sus habitantes. Los chinos llevan un par de milenios reflexionando sobre la forma que debe adoptar una sociedad justa y bien organizada, al mismo tiempo que los occidentales. Pero ellos han llegado a otras conclusiones.

9.9.- Los chinos en el mundo

Según Amy Chua nos expone en su libro "El mundo en llamas", el poder chino fuera de China es significativo:

1.- En Filipinas: son el 1% de la población y controlan el 60% de su economía, compartiendo con una alta burguesía de "sangre española".

2.- En Indonesia: son el 3% de la población y controlan el 70% de su economía.

3.- En Birmania: desde el cambio a una economía no proteccionista, los birmaneses de etnia china han tomado el control económico. La hostilidad indígena hacia los birmaneses de etnia china es palpable y creciente.

4.- En Vietnam: son el 3% y controlan el 50%.

5.- En Thailandia la gran mayoría de las grandes empresas están controladas por chinos, que son solamente el 10%

6.- En Malaysia los chinos son un 30% y controlan el 70%. Y en Singapur los chinos forman el 80% de la población.

Y los chinos en todos estos países apenas se mezclan con los nativos.

9.10.- China en 2024

Como resumen de todo lo anterior, vamos a realizar un estudio sobre la situación de China a finales del año 2024, comparando la forma en que consideramos que están los planteamientos de futuro de Xi Jiaoping, actual único dirigente de todo el pueblo chino, la visión de algunos de los mejores analistas europeos sobre su realidad social y económica y las posibles conclusiones que podemos deducir

9.10.1.- El pensamiento de Xi

9.10.1.1.-Amalgama neoliberalismo-marxismo-confucionismo

Como nos lo comenta Javier Otaola en su artículo "XI", el pensamiento de Xi Jinping incluye en la misma amalgama el marxismo-leninismo del catón comunista con la tradición comunitarista confuciana y plantea nada menos que una enmienda a la totalidad de la cultura europea de los derechos humanos y las libertades individuales de 1789 con tres contrapropuestas axiales:

a.- Los derechos sociales son prioritarios sobre los individuales.

b.- Los deberes son prioritarios sobre los derechos

c.- La armonía es más importante que la libertad La aspiración de China y de XI está en demostrar que su modelo de sociedad es el mejor del mundo. Y por eso impulsa todas las aplicaciones digitales relacionadas con la sanidad, la educación y la seguridad.

9.10.1.2.- Cambios en China

El Partido Comunista Chino liderado por Xi:

1.- Ha pulverizado todo su legado ideológico, apostando por la preponderancia del mercado.

2.- Ha vuelto a revitalizar sus claves tradicionales de identidad cambiando hacia una burocracia de signo neoconfuciano. Reivindica el valor de la virtuosidad, de la utopía moral, llamada a sustituir al concepto democrático de pluralismo o separación de poderes. La perspectiva de una democratización de signo liberal sigue ausente en la agenda política china y la posibilidad de acercarse a una apertura política es realmente baja.

9.10.1.3.- La estrategia de Xi

Sigue habiendo un considerable esfuerzo por la adaptación permanente a las nuevas circunstancias, lo que ha llevado, por la guerra económica y tecnológica actual con EEUU, a una mayor homologación del sector público.

Xi ya ha hecho gala de una clara voluntad de no amilanarse y de considerar a China ya como "país grande" que exige mayor protagonismo a nivel mundial.   Xi basa su nueva legitimidad en la ley (legismo), la vocación por la restauración del marxismo en el entorno formativo y educativo a modo de blindaje ideológico frente a la penetración liberal y con peculiaridades de Xi como el fomento de la lealtad, la centralización, el culto a la personalidad y el cuestionamiento de la institucionalidad sucesora diseñada por Deng Xiaoping.

La estrategia de Xi:
- El incentivo del consumo interior (circulación interna) - La autosuficiencia en todos los sectores estratégicos
- La conversión de China en un país líder en innovación que exporte tecnología (circulación exterior)

9.10.1.4.- La utopía de Xi

El objetivo real de China según el catedrático Claudio F. González es una combinación de contrato social para proveer de seguridad económica y física a los ciudadanos con un mandato celestial para volver a ser el país más relevante del mundo. Es un plan que utiliza la tecnología para la industria, pero también para controlar a los ciudadanos. Xi pretende alcanzar en los próximos años la meta de convertir el país en una "nación socialista moderna" para 2035 y en la mayor y más próspera potencia mundial para 2049.

9.10.1.5.- La realidad de Xi

El PCCh garantiza:

1.- La creación de una sociedad medianamente acomodada y de consumo masivo, y lo está consiguiendo.

2.- El aumento de los gastos militares para acercarse a la figura de liderazgo mundial

3.- La apropiación del Mar del Sur de China, discutida por Taiwan y Estados Unidos.

4.- El control total de la información, aunque más que una garantía es un sistema excelente de control de la privacidad de todos los ciudadanos.

5.- La recreación de la Nueva Ruta de la Seda orientada a subordinar la gran masa terrestre euroasiática a los intereses de China

6.- La creación de grandes urbes en el territorio nacional, como respuesta a cubrir la inmigración de las zonas rurales retrasadas

9.10.1.6.- Medidas que ha empezado a tomar XI:

1.- Más presión sobre las grandes fortunas y nuevas reglamentaciones contra los monopolios y los oligopolios.

2.- Más impuestos, que incluirán probablemente una tasa sobre la propiedad

3.- Nuevas oportunidades para todos en la educación

4.- Desarrollo de la innovación, que será una de las grandes herramientas para la lucha contra el deterioro medioambiental

5.- Un marco regulador para el uso y control de datos

6.- Una relación comercial con el exterior en la que China proporcione tecnología puntera al resto de los países.

9.10.1.7.- El control social

Sin embargo, tal como nos lo expone Yuval Noah Hariri, los chinos están probando herramientas para algo que podría convertirse en el peor sistema que ha existido jamás en la historia. Y, además, dicho sistema puede ser exportado a todo el mundo, como un pack, incluso a países sin tecnología para crear sus propios sistemas de vigilancia. Así que el peligro es global. El llamado capitalismo de vigilancia, que también vemos en EEUU, también se exporta a todo el mundo. Y ambos sistemas son muy dañinos para la supervivencia de la democracia, de los valores humanos y del desarrollo mismo de las personas.

Igual que domesticamos a vacas y cerdos hasta convertirlos a animales muy diferentes a los de su origen, igual puede pasar con el ser humano.

Basta con unas pulseras biométricas que midan el ritmo cardíaco o cámaras que identifiquen en las caras los estados anímicos o emocionales. Son muy malas noticias para el ser humano. Porque por primera vez en la historia, se puede analizar esa información con inteligencia artificial.

Mediante el control humano en China lo saben todo sobre el comportamiento (lo que compras, lo que lees, tienen cámaras en las calles…) y logran cambiarlo. Si allí no te portas bien, tendrás más difícil salir del país, lograr permisos o conseguir un apartamento. Por ello veo las amenazas que se ciernen sobre la intimidad desde el ciberespacio.

Hay mucha sagacidad en las decisiones de los gobernantes chinos. En comparación, los nuestros son amateurs. En asuntos relacionados con servicios públicos y aplicaciones masivas van por delante.

9.10.1.8.- Control estatal de la economía

Xi, al mismo tiempo, ha aumentado el control estatal sobre la economía de China, expresando su apoyo a las empresas estatales al tiempo que apoya al sector privado del país. El control de las empresas estatales ha aumentado durante el mandato de Xi: los "fondos de orientación del gobierno", fondos de inversión público-privados creados por o para organismos gubernamentales, han recaudado más de 900.164 millones de dólares para la financiación anticipada de empresas que trabajan en sectores que el gobierno considera estratégicos.

Estoy plenamente de acuerdo con Dani Rodric, cuando afirma que China lo está haciendo extremadamente bien en el aspecto económico combinando dictadura y medidas económicas eficaces para elevar el nivel de vida de su población. La mentalidad confuciana es fundamental en este aspecto.

9.10.2.- Resumen de los problemas internos de China para los analistas occidentales

En el apartado (9.4) hemos tenido ocasión de analizar criterios de analistas tan prestigiados como Thomas Piketty (P). Dani Rodric (R), Claudio González (G), Paul Krugman (K). David Shambaugh (S) y Rory Green (RG), que resumo y comento a continuación.

9.10.2.1.- Casi una dictadura perfecta: incipiente totalitarismo

La principal crítica que desde Occidente hacemos a China es que parece avanzar cada vez más a una dictadura digital perfecta, tan perfecta que nadie quiere asemejarse con un modelo y que se manifiesta en:

1.- Las deliberaciones secretas del Partido (P)
2.- La vigilancia generalizada de la población en las redes sociales (P)
3.- La represión de los disidentes (P)
4.- El embrutecimiento del modelo electoral en Hong Kong (P)
5.- El endurecimiento del régimen político (R)
6.- El aumento de represión y control excesivo de las personas (G) (S)

9.10.2.2.- Desconfianza de los inversores en la Bolsa y en el futuro

Según Rory Green ha habido una masiva fuga de seis billones de dólares de la bolsa china. Pekín ha intervenido en las Bolsas con adquisiciones masivas por un valor superior a los 278.000 millones de euros para estabilizar su divisa. (RG) A ello se une la huida de ciertas élites económicas al exterior. (S) Sin embargo, parece estar cambiando el panorama bursátil, tal como más adelante lo comentamos.

9.10.2.3.- Fuerte aumento de desigualdades sociales y económicas, que conlleva un bajo consumo interior

Fuerte aumento de desigualdades económicas y sociales en el interior y extrema opacidad de la distribución de la riqueza. (P) El modelo económico chino se está volviendo insostenible por múltiples razones como: (K)

1.- La represión financiera (pagar pocos intereses por los ahorros y conceder préstamos baratos a los prestatarios favorecidos) que mantiene bajos los ingresos de las familias y los desvía hacia inversiones controladas por el gobierno. El premio Nobel Paul Krugman nos expone que China sufre la paradoja del ahorro: una economía puede resentirse si los consumidores quieren ahorrar demasiado. Si las empresas no solicitan dinero para préstamos y para invertirlo, la consecuencia puede ser una recesión económica. Y China tiene una tasa de ahorro nacional increíblemente alta.

2.- Una débil red de seguridad social que lleva a las familias a acumular ahorros para hacer frente a posibles emergencias. Krugman considera que en China hay una red de protección social inadecuada por lo que el pueblo chino tampoco cree que podrá contar con el apoyo público y ahorra demasiado y su consecuencia es que China dispone de una gran cantidad de ahorros y sin una buena novia.

3.- Unido al elevado endeudamiento de las familias para saldar sus obligaciones hipotecarias contratadas en el pasado reciente. La respuesta necesaria del gobierno chino debería ser que las empresas públicas compartan más beneficios con los trabajadores y dar dinero a la gente a corto plazo, como ha hecho EEUU. Pero parecen existir razones de tipo ideológico por la hostilidad del gobierno chino hacia el sector privado (no dar a la gente capacidad para gastar más) y una especie de oposición puritana a una especie de protección social fuerte, porque puede erosionar la ética del trabajo.

El consumo sigue átono, la deuda amenaza a los gobiernos locales, una miríada de pequeñas entidades financieras está en apuros y las medidas paliativas aprobadas no parecen funcionar. Los líderes comunistas, poco dados a exteriorizar debilidad, han dado muestras de preocupación. Los líderes también prometen esforzarse para "ampliar la demanda interna", lo que equivale a reconocer los estragos del consumo. Algunos economistas han sugerido la necesidad de impulsar el consumo mediante inyecciones del gasto público a corto plazo, acompañados de un cambio estructural destinado a transferir mayor parte de riqueza a los ciudadanos mediante una mejora del Estado de bienestar, algo a lo que Pekín siempre se ha mostrado reticente. Las constantes llamadas a la "estabilidad social" y el liderazgo inquebrantable del partido son otra muestra de preocupación.

Para John Woods de Lombard Odie los datos económicos publicados desde marzo han sido decepcionantes, incluso el descenso del crecimiento de las ventas minoristas y la producción.

9.10.2.4.- Declive demográfico y rigidez del mercado laboral

A la vista por el envejecimiento acelerado de la población (P) La población en edad de trabajar se está reduciendo en China desde 2015. La población total alcanzó el máximo en 2010 y no ha parado de reducirse desde entonces.

La rigidez del mercado laboral revela un embudo de contratación de talento joven que ha puesto el freno al consumo y paralizado la compraventa de viviendas que explica el desánimo individual a pedir créditos o las fugas de capitales. El paro juvenil también ha empujado al vacío la tasa de nacimientos ante la presión que las familias ejercen sobre sus jóvenes para encontrar trabajo. (RG)

9.10.2.5.- Burbuja inmobiliaria

Enorme burbuja de la vivienda (20% del PIB). China ha sabido enmascarar durante varios años el problema de la insuficiencia del gasto de los consumidores fomentando una gigantesca burbuja inmobiliaria, que llegó a ser demencialmente grande según los estándares internacionales. Y acabó pinchando (K) La quiebra del gigante promotor inmobiliario Evergrande, la proliferación de activos tóxicos de la banca en el sector inmobiliario(RG)

China colocó el exceso de ahorro en una colosal burbuja inmobiliaria, pero esta burbuja ha pinchado ahora. El pinchazo de la burbuja inmobiliaria afecta con mucha fuerza a la economía global de China. Es uno de los grandes retos actuales del país.

Para Allianz GL es relevante que los responsables políticos hayan intensificado sus esfuerzos para ayudar a estabilizar el sector inmobiliario, con medidas tanto para abordar tanto la falta de demanda como el exceso de oferta. Pero el sector inmobiliario muestra pocos signos de vitalidad y sigue registrando caídas en los precios y volúmenes de ventas en las principales ciudades.

9.10.2.6.- Otros factores a tener en cuenta
1.- Productividad a la baja o estancada (K)
2.- Corrupción sistemática (S)
3.- Acumulación de deuda soberana en especial por los gobiernos locales (RG)
4.- Excesiva dependencia alimentaria del exterior (G)
5.- Caída de rentabilidad de las nuevas inversiones que desalienta ante nuevas iniciativas (K)

9.10.2.7.- ¿Posible deflación?
Las estadísticas oficiales dicen que China sufre una deflación al estilo de Japón, lo que significa que puede estar entrando en una era de estancamiento y decepción, según Paúl Krugman.

También el analista Guillermo Abril considera que las asfixiantes medidas anticóvid han dejado una herida sin cicatrizar que no permite remontar a la economía china.
1.- Muchos negocios privados han cerrado.
2.- El paro juvenil llega al 21,3%.

3.- Los sueldos se han estancado o bajado.

4.- El crecimiento se ha frenado.

5.- El índice de precios y de consumo se ha reducido en noviembre un 0,5% interanual.

6.- Los precios de producción de contrajeron un 3%

Según este analista, tras el estallido de la burbuja inmobiliaria se inició un período de deflación y estancamiento. No podemos hablar todavía de "colapso de China" pero si de la recesión más profunda de su historia moderna, ya que el 60% de la riqueza privada está en propiedades inmobiliarias.

Todo ello, según los expertos occidentales, se debería a un mal liderazgo: Xi Jinping ha empezado a dar muestras de intervenciones arbitrarias que han asfixiado la iniciativa privada, algo que los autócratas suelen hacer cuando ya se sienten muy seguros de su poder y control.

Mucho se habla y comenta y esos mismos analistas expertos apuntan un incipiente totalitarismo desde que Xi tomó el poder en 2012, y hacen hincapié en:

- El culto a la personalidad
- Una concentración de poder
- La intensificación del control, la propaganda y la educación tecnológica orientadas a crear un sentido de unidad y lealtad al régimen.

John Woods de Lombard Odi considera que la economía de China se está debilitando hasta el punto de que los inversores locales ven una devaluación del YUAN como inevitable y están comprando dólares de Hong Kong y oro. Mariana Guerenstein de J. Safra Sarasin dice que la deflación es un riesgo real en China.

9.10.3.- Factores externos negativos

9.10.3.1.- Restricciones y tasas a las importaciones de China

Todos los países están estudiando y poniendo en marcha restricciones y tasas a las importaciones chinas. Además de ser un síntoma definitivo de la debilidad occidental, nunca este tipo de restricciones han evitado el crecimiento.

Desde 2023 Argentina, Brasil, India, Vietnam y la UE han iniciado investigaciones antidumping y antisubvenciones contra China.

Brasil, Canadá, Indonesia, México, Sudáfrica, Turquía, EEUU y la UE ha impuesto aranceles a determinadas importaciones chinas de alto valor añadido, incluidos los vehículos eléctricos.

EEUU a elevado los aranceles de importación de vehículos fabricados en China del 27,5% al 100% y para los paneles solares del 25% al 50%, así como de otros productos. Europa ha mostrado su indignación por las ayudas que el Gobierno de Pekín da a sus empresas. La Comisión Europea ha impuesto aranceles antidumping provisionales retroactivos que van del 17,4% hasta el 37,6%, que se suman al que ya existe de un 10% y que están vigentes desde el 5 de julio. Las importaciones de coches eléctricos fabricados en China han pasado de una cuota de mercado del 4% en 2020 al 25% a finales de 2023.

Las tensiones con Occidente se han agravado a medida que las empresas chinas han avanzado y superado a las occidentales en tecnología. Las disposiciones restrictivas a las exportaciones chinas y ello obliga a China a multiplicar su esfuerzo en innovación.

9.10.3.2.- Problemas de sobrecapacidad en China

Siempre se ha mirado hacia el exterior y en la actualidad hay sobrecapacidad en varios sectores. Incluso la hay en los sectores verdes por los que ha apostado fuerte el Gobierno. Y el exceso productivo está bajando los márgenes en China. En la actualidad conviven en China 137 marcas diferentes de coches eléctricos; al final de la década solo 19 serán rentables, calcula una consultora.

9.10.3.3.- Dependencia excesiva de la exportación de bienes de consumo

China depende (o dependía) de la exportación de bienes de consumo. Como nos lo expone Óscar Granados en su artículo "Un mundo renovable", China ha dejado de lado la producción de bienes de consumo de bajo nivel (ropa, juguetes, muebles y electrodomésticos) para centrarse en bienes de consumo con alto valor tecnológico como los paneles fotovoltaicos, turbinas eólicas, vehículos eléctricos y baterías de iones de litio (industria sostenible impulsada por inversiones pasivas del Gobierno, mano de obra barata y energía a bajo coste.

Lógicamente esta excesiva dependencia puede considerarse como un gran inconveniente si consideramos que la demanda interna sigue estando estancada y con grandes dificultades para su reanimación, pero también es una gran ventaja, ya que supone un adelanto tecnológico significativo con respecto a la competencia, que China va a intentar mantener e incluso agrandar en factores clave de las nuevas tecnologías.

9.10.4.- China en el mercado global a finales de 2024

Ya hemos analizado en el capítulo dedicado a la tecnología (8.3) la situación ventajosa actual en la que se encuentra China y también en el apartado (8.4) el concepto confuciano de "Prosperidad Común", que unidos a la fantástica demostración de desarrollo social y económico que ha llevado a cabo China, deberían bastar para dejar de preocuparnos sobre una posible deflación de la economía china y preocuparnos mucho más de cómo podemos convencerla para atraerla hacia los conceptos democráticos de nuestra mentalidad occidental.

Analicemos los aspectos positivos de la China de 2024:

9.10.4.1.- La mentalidad confuciana

La aplicación de los conceptos fundamentales de la mentalidad confuciana en la administración de un país de 1.400 millones de habitantes ha conseguido un verdadero "milagro" con el que nadie podía ni soñar hace menos de 40 años.

Mirar a las enseñanzas de Confucio de hace más de 2.500 años y su aplicación al servicio del pueblo chino ha permitido que más de 1.000 millones de personas hayan dejado atrás la pobreza extrema en los últimos 40 años. En 1981, casi el 90% de la población de China continental estaba por debajo del umbral de la pobreza absoluta fijado por el Banco Mundial. En 2019 la cifra, según las estadísticas chinas, no llegaba al 1% y a finales de 2020 la prensa estatal china pregonaba su erradicación del país.

China lo ha logrado con subvenciones públicas bien aplicadas y, sobre todo, por haber contado con una estrategia sólida y haber aplicado un esfuerzo sostenido de aprendizaje, desarrollo e innovación. No es necesario creer en las cifras que nos da el Gobierno chino, demasiado acostumbrado a utilizar datos con fines exclusivamente propagandísticos de su propio régimen, pero nada tiene que demostrar porque los hechos de la realidad china actual son demasiado evidentes.

Hay que quitarse el sombrero y aceptar que lo realizado y conseguido solo podía llevarse a cabo con una dictadura férrea y una actitud permanente al servicio del pueblo, tal como lo propicia la doctrina confuciana:

"Haz por los demás lo que quisieras que ellos hicieran por ti"

9.10.4.2.- Las tecnologías chinas:

En teléfonos, drones, vehículos eléctricos, paneles solares y equipos de energía verde van por delante de EEUU y del resto del mundo, en general. Sobre todo, en vehículos eléctricos parece que han adquirido una especial ventaja. Además, también necesitamos los suministros médicos chinos. El 95% de los paneles solares de Europa proceden de China. Tras invertir más de 120.000 millones de euros en la industria solar en 2023. Pekín controla más del 80% de la capacidad mundial de fabricación de polisilicio (material crucial para los paneles solares), obleas (capas de silicio), células (dispositivos que convierten la luz solar en electricidad) y módulos (paneles que agrupan las células).

China fabrica más del 80% de los paneles solares del mundo y en torno al 77% de las baterías de litio. También controla el 90% de las tierras raras y refina el 72% del litio, aunque de su territorio sólo se extrae el 8%. Además, controla toda la cadena de valor de estos sectores desde el mercado de materiales y componentes hasta el producto final. Y gracias a todo ello puede ofrecer sus productos a un precio imbatible. Y China puede restringir el acceso de países occidentales a estos elementos clave para las nuevas tecnologías que mueven el mundo.

Además, fabricar los módulos solares chinos supone un costo un 50% más barato que los europeos y un 65% más barato que los de EEUU. Lo mismo sucede con las turbinas eléctricas. Las turbinas eólicas se están ofreciendo en Europa un 50% más bajos que las producidas aquí. Y se siguen produciendo en China el 60%. En comparación,

Europa y EEUU tienen el 19% y el 9%. Y los chinos no solo dominan la producción, sino también la innovación.

China ejerce un control dominante en cada uno de los eslabones que componen la cadena de las renovables: desde la extracción de minerales, su procesamiento y refinado, hasta la manufactura de los productos finales que despacha por todo el mundo.

En los últimos cuatro años han superado a los módulos solares, convirtiéndose en el principal artículo de venta al extranjero de la economía verde de baterías de iones de litio. La empresa china Contemporany Amperex Technology (CATL), nacida en 2011, vende el 36,5% del mercado mundial de baterías para vehículos eléctricos y vende a BMW, Volkswagen, Daimler y Honda. Ya tiene una planta en Alemania y está construyendo otra en Hungría.

China vendió en 2023 más de 4 millones, superando a Japón y disfruta de una ventaja de costes del 40% sobre los competidores occidentales. Tesla, la firma de Elon Musk ocupa el primer lugar con el30% de exportaciones de China y BMW y Renault otro 20%.

9.10.4.3.- China está ya en una nueva fase de conquista global.

Sus compañias están invirtiendo en nuevas fábricas en el extranjero. Quiere llegar a todos los rincones del planeta y estar cerca de los mercados clave. Es la respuesta de China para sortear las crecientes restricciones comerciales y las inversiones las quiere utilizar como herramienta negociadora de Pekín para tratar de reducir los aranceles.

En 2023 las empresas chinas invirtieron 70.381 millones de euros en el extranjero en sectores como componentes electrónicos, energías renovables, equipos originales de automoción y productos químicos, según FDI Intelligence. Ese mismo año invirtieron 33.982 millones de euros en sectores de metales y minerales fuera de China, dada la importancia de estos sectores para el desarrollo de tecnologías para vehículos eléctricos, fotovoltaicos, productos de energía eólica y almacenamiento de energía.

El coche eléctrico es el verdadero estandarte de este despliegue. BYD (empresa china de coches eléctricos) ultima una planta en Hungría, ha mostrado la intención de montar otra en México, de producir en Brasil antes de que acabe 2024 e inauguró otra en junio en Uzbekistán. Chery (otra empresa china de coches eléctricos) ha desembarcado en la fábrica de Nissan de Barcelona, planea aterrizar en México, Vietnam y Argentina. Las inversiones destinadas a toda la cadena de valor del coche enchufable en la UE ascendieron a 4.700 millones de euros em 2023.

Pedro Sánchez con su visita a Pekín se ha traído un proyecto de hidrógeno verde de 900 millones de euros y hay otras pendientes como una fábrica de baterías en Zaragoza y otra de coches enchufables en Galicia. Los coches chinos fabricados en la UE tendrían el sello "producido en la UE", dejarían valor añadido, empleo y transferencia de conocimientos y tecnología, además de generar puestos de trabajo. En 2022 más de 270.000 personas no chinas trabajaban en la UE para empresas chinas. Es muy posible que las cifras sigan creciendo.

China ha mantenido aranceles de hasta el 25% a la industria del automóvil europeo (al revés eran del 10%) y el requisito de que el 51% de las plantas que manufacturen en China sea propiedad de una empresa nacional. Las medidas funcionaron como una plataforma de aprendizaje para un país en fase de despegue industrial. China invitaba en aquella época a las empresas occidentales a establecer bases de fabricación en el país. Ahora las tornas han cambiado. Muchas compañías del gigante asiático son ahora líderes en esos sectores.

El año 2003 hasta 2012 la salida de empresas de China era inferior al 20% de las que entraban, mientras que a partir del año 2016 en adelante superan las salidas de empresas a las entradas, habiéndose reducido éstas en 2023 hasta el 25% de las salidas.

9.10.4.4.- La Bolsa china

No había dado más que disgustos en forma de pérdidas relevantes en los tres últimos años y, sin embargo, los últimos meses se multiplican las alegrías con rendimientos superiores al 10% en muchos casos.

Para Goldman Sachs Asset Management, ha sido brillante alcanzar su objetivo del 5% el año pasado, pero no podemos olvidar que China alberga un tercio de la capacidad manufacturera mundial y que aporta el 18% del PIB mundial. Según Evelyn Huang Gestora de fondos de Fidelity International los beneficios empresariales de las empresas chinas siguen siendo sólidos, la dinámica es positiva en la mayoría de los sectores, exceptuando los servicios financieros y la construcción.

Para Antón Luna de Abrdn en España es necesario mejorar la confianza en China y para ello, sería de gran ayuda un mayor apoyo político a través de un gasto fiscal mayor de lo previsto y un mayor respaldo al mercado financiero.

Además, está el debate, según Piedad Oregui, si las acciones chinas están caras o baratas. Para Andrés Allende, gestor del fondo Paradigma Value, la renta variable local tiene un enorme potencial de revalorización, con más de un 30% de descuento respecto a otros mercados emergentes. Muchas empresas cotizadas presentan crecimientos sostenidos en ventas y beneficios, por encima del 10%.

Mariana Guerenstein de J. Safra Sarasin dice que China está barata. Es un mercado atractivo a pesar de su posible alta volatilidad, pero lo es más a largo plazo, es decir, de manera estructural. Aunque añade, como ya hemos expuesto con anterioridad, que la deflación es un riesgo real en China.

Para los responsables de Schroders parece que las salidas de capital indiscriminadas pueden estar llegando a su fin y el mercado finalmente está empezando a diferenciar más claramente entre empresas más fuertes y más débiles, premiando a aquellas que pueden seguir ofreciendo crecimiento y dividendos para los accionistas.

9.10.4.5.- Mirando al sector del automóvil eléctrico:

1.- La sueca Volvo fue comprada en 2010 por Geely

2.-La británica Rover en quiebra fue adquirida en 2005 por la empresa estatal china Najing

3.- La sueca Saab en quiebra desde 2001 pasó a manos de Nevs con participación china.

4.- La china Sichuan Tenghong compró a General Motors la división de todoterrenos Hummer

5.- Fisker, empresa automovilística de automóviles eléctricos de lujo fue adquirida por Wansiang América Corporation

Ante el éxito de los vehículos eléctricos chinos, Europa ha reaccionado imponiendo aranceles, pero no solo China ha protestado sino también varios países europeos, empresas automovilísticas (Volkswagen, Stellantis..), patronales y Cámaras de Comercio. Los aranceles se ponen como medida proteccionista para protegerse de la competencia. Hay quienes consideran que sería más útil y rápido propiciar las inversiones de industrias chinas del automóvil en Europa y a través de la cooperación tecnológica.

EEUU ha elevado los aranceles al 100% en vehículos eléctricos, baterías, paneles solares y equipos médicos, entre otro y lleva tiempo instando a sus aliados a endureces sus medidas con China en determinados ámbitos de producción y tecnológicos.

La Comisión Europea se ha mostrado dispuesta a establecer un trato diferenciado con la estadounidense. Al requerimiento de la UE, que China ha calificado de "sin precedentes" por las sanciones, pero también por la información exigida sobre la producción, la planificación y los procesos técnicos de los fabricantes de estos vehículos y de las baterías, ha respondido Pekín con el anuncio de una investigación sobre determinadas carnes y subproductos porcinos importados de Europa.

9.10.4.6.- Puntos fuertes del sistema chino según Thomas Piketty

1.- Dispone de activos considerables muy superiores a sus deudas lo que le proporciona los medios para llevar a cabo una política ambiciosa especialmente en inversión en infraestructuras y en transición energética.

2.- Los países occidentales han acumulado deudas considerables: los países ricos porque la riqueza privada nunca ha sido tan alta, solo sus Estados son pobres. Si siguen así, pueden encontrarse en una situación en la que la riqueza pública sea cada vez más negativa.

3.- Otra fortaleza china: puede señalar a Occidente como responsable de las distintas catástrofes climáticas, cuando se produzcan.

4.- China se ha industrializado sin necesidad de recurrir a la esclavitud y al colonialismo. Gana así puntos frente a la eterna arrogancia de los países occidentales, siempre dispuestos a dar lecciones sobre justicia y democracia, mientras son incapaces de hacer frente a las desigualdades y discriminaciones que los minan y mientras pactan con cualquier potentado y oligarca que les beneficia.

9.10.4.7.- ¿Qué debe hacer China según Paul Krugman?

Según Paul Krugman China debe poner fin a la represión financiera y permitir que una parte mayor de los ingresos de la economía fluya hacia las familias, así como reforzar la red de seguridad social para que los consumidores no sientan la necesidad de acumular efectivo. Y mientras lo hace, puede reducir su insostenible gasto de inversión. Pega: las empresas estatales que se benefician de la represión financiera.

Rogoff dice que la solución keynesiana clásica es iniciar transferencias de dinero directas a los hogares, pero parece que los chinos prefieren más ahorrar que gastar.

9.10.5.- Sobre el gobierno chino

9.10.5.1.- Medidas que Xi está tomando

Propuestas del tercer plenario del PCCh:

1.- Conversión más rápida de terrenos rurales en urbanos para acelerar el proceso de urbanización por la agonizante situación del sector inmobiliario

2.- Una mayor centralización del gasto público para intentar controlar el enorme déficit fiscal de los gobiernos locales

3.- Un mayor empuje de la innovación y de la política industrial para aumentar el valor añadido de la producción industrial china para superar el riesgo sistémico del sistema financiero chino.

Xi lleva años impulsando el aumento de la capacidad industrial del país en sectores de alta tecnología para lo que la movilización del talento emerge como uno de los puntos clave.   China no va a cambiar el modelo económico y va a seguir produciendo más bienes que los que consume, empujando a los precios de los productos manufacturados a la baja. Ello es una decisión estratégica de Xi para intentar reducir la dependencia tecnológica china de EEUU como objetivo capital.

Pero, como nos lo expone la economista e investigadora española Alicia García Herrero, hay motivos que hacen difícil cumplir con su plan:

1.- Ninguno de los tres ámbitos de medidas parece centrarse en mejorar las percepciones de los consumidores y de los inversores y sin ellos los chinos seguirán apostando por ahorrar en lugar de consumir más al tiempo que su producción aumente.

2.- Con mercados externos que se van cerrando a las exportaciones chinas como consecuencia del creciente proteccionismo, los inventarios no harán más que aumentar y, con ellos, las presiones deflacionistas.

3.- Por último, las medidas anunciadas no parecen orientarse a revertir la reducción del peso del sector privado en la economía china., después de haber sido vapuleado por restricciones administrativas de todo tipo. Considerando que este es el sector más productivo de la economía china, parece difícil esperar que la desaceleración económica en la que se encuentra China acabe revirtiéndose.

Para Axel Botte de Ostrum:

-Existe un cierto regreso al proteccionismo

-Las relaciones internacionales son cada vez más tensas tanto en el plano comercial como en el geopolítico´

-El exceso de capacidad de China supone una amenaza existencial para la industria de las economías occidentales

9.10.5.2.- El apoyo popular a Xi y al PCCh parece seguir intacto

Hay un alto nivel popular de apoyo al régimen: un 89% de los chinos confía en que las autoridades hacen lo correcto, según la encuesta de World Values Survey de 2022.

Según Dani Rodric China lo ha hecho extremadamente bien con una heterodoxa combinación entre las fuerzas del mercado y el dirigismo estatal. Ha reformado la gestión de su economía, pero siempre a su ritmo. Creo que el resto del mundo no tiene mucho que enseñar a los chinos sobre cómo gestionar la economía. Y tampoco hay razones por las cuales los líderes chinos deberían escuchar esos "consejos".

Y las razones del apoyo popular al régimen actual es porque sus dirigentes se presentan como una organización política capaz de:

-Mejorar las condiciones de vida de la población

-Convertir a China en una gran potencia internacional

-Pasar en cuatro décadas de un nivel bajo a un nivel alto en el Índice de Desarrollo Humano y de ser un paria internacional a ser considerada por unanimidad como la segunda mayor potencia mundial, solo por detrás de Estados Unidos.

9.10.5.3.- El éxodo chino a EEUU

El analista y periodista Zigor Aldama nos expone en su artículo "El sueño americano también es chino" una realidad que contrarresta el apoyo popular a Xi y al PCCH, como es el éxodo reciente y creciente de chinos a EEUU, aun arriesgando sus vidas y dejando atrás un estilo de vida y de pensamiento.

El año pasado (2023) 37.000 ciudadanos chinos fueron detenidos en la frontera sur de EEUU, siendo la nacionalidad no americana más numerosa y en el primer trimestre de 2024 su número se había disparado a 24.214 chinos. A eso hay que sumar el millar largo que cruza cada mes la frontera norte de Canadá y los chinos que hayan conseguido pasar la frontera sin que los detengan.

La ruta china más utilizada es el viaje en avión hasta Ecuador (aquí no les exigen visado de entrada), de donde por tierra o cielo pasan a Colombia. Desde Colombia pasan por tierra hasta la frontera entre EEUU y México, a través del siempre peligroso Tapón de Darien entre Colombia y Panamá. Otras entradas numerosas de chinos en EEU se llevan a cabo a través de visados de estudiante y de trabajo.

¿Por qué sucede esto en China? En China no es oro todo lo que reluce. La profesora Meredith Oyen dice estar sorprendida por la velocidad de crecimiento de los números de emigrantes chinos. En 2023 fueron casi diez veces más que en 2022. Afirma que es el resultado de varios factores:

3.1.- La ralentización de la economía china

3.2.- El endurecimiento del control político del gobierno

3.3.- La facilidad para acceder a la información por Internet

3.4.- La ruina de muchos autónomos y pequeños empresarios por la política del "covid cero" que China impuso durante la pandemia.

No sabemos las consecuencias que tendrá la actual crisis. Se estima que hay 10,7 millones de chinos residiendo en el extranjero y que llega a los 60 millones si se cuentan sus descendientes nacidos en el extranjero y los nacionalizados en otros países.

Según mi criterio, mirando desde Occidente hacia China, es hora de adaptarse a la nueva realidad: Es tiempo de gestión compartida y no de hegemonías concluyentes.

10.- APORTACIONES CHINAS A LA HUMANIDAD

10.1.- Los cuatro grandes inventos chinos

1.- La brújula: data de la Dinastía Han (206 a.C. a 220 d.C.). y fue creada con piedra de imán que atada a una cuerda era capaz de mostrar la dirección sur, ya que para los chinos es el sur el punto cardinal de referencia y no el norte.

2.- La pólvora: fue desarrollada durante la Dinastía Tang (618917) por los alquimistas chinos, que se inspiraron en la combustión del fuego para averiguar su proceso de fabricación usando azufre, nitrato y otras sustancias.

3.- El papel: fue creado por la Dinastía Han (206 a.C. – 220 d.C.) usando una mezcla de madera y agua, con la que obtenía una pasta que una vez seca, se podía escribir en su superficie. Antes del papel se escribía en superficies de materiales como la seda y el bambú.

4.- La impresión: muy ligada a la invención del papel. Al principio se usaban técnicas que consistían en grabar caracteres en bloques y fueron mejorando con el tiempo ocupando menos espacio y tardando menos en su producción.

10.2.- Otras aportaciones chinas a la humanidad

5.- La seda: es un tejido que se logra crear a partir de su producción por los gusanos de seda. Su delicada textura y exclusiva calidad la convirtió en una potente arma de intercambios comerciales conectando por la Ruta de la Seda con el Mediterráneo, África y otras zonas de Asia.

6.- El ábaco: es una herramienta que se utiliza para operaciones aritméticas. Se utiliza desde hace más de 5.000 años y algunos discuten su procedencia.

7.- El papel moneda: el concepto de moneda papel nació en China en el siglo VII para facilitar el intercambio entre comerciantes de una población.

8.- La acupuntura: es una de las prácticas más antiguas de la medicina china tradicional y su inicio a 500 años a.C., aunque el primer texto clásico conocido es del año 100 a.C.

9.- La cometa: nació en China alrededor del año 1200 a.C. y se utilizaba como dispositivo de señalización militar, utilizando sus movimientos y colores para enviar mensajes.

10.- El sismógrafo: invento del 132 cuando fue diseñado como una vasija de bronce fundido, nueve dragones colocados alrededor mirando hacia distintas direcciones, cada uno con una bola en su boca. El indicativo de un temblor de tierra era cuando dichas bolas caían de las bocas mostrando así la dirección al detectar cualquier actividad sísmica.

11.- La ballesta: se desarrolló en la Dinastía Qin (220 a.C.) y aparecen restos en el Mausoleo de los Guerreros de Terracota. Más tarde se convirtió en una de las armas más importantes en Europa.

10.3.- Aportaciones científicas chinas

1.- Astronomía: es la más antigua del mundo. Los chinos describieron 284 constelaciones distribuidas en 28 "casas" que ocupaban todo el firmamento. En el año 2537 a.C. habían desarrollado un calendario solar y el primer registro de eclipse solar data del 2137 a.C. Desde 1766 a.C. utilizaban un calendario lunar coincidente con el Metón de Atenas del 432 a.C. En el siglo IV a.C. constataron la existencia de manchas solares y el año 350 a.C. catalogaron 800 estrellas.

2.- Matemáticas: las primeras matemáticas chinas, totalmente independientes de las griegas, datan de la Dinastía Shang (1600 a.C. – 1046 a.C.) y consisten en números marcados en el caparazón de una tortuga. Ya en el siglo III a.C. dieron una original demostración del teorema de Pitágoras y calcularon el número "pi" por aproximación. Sin embargo, el empleo del cero no apareció hasta el siglo VII de nuestra era. En los siglos XII y XIII el álgebra china alcanzó un gran esplendor.

3.- Medicina: Está basada en la filosofía taoísta y en sus principios cosmológicos y sus orígenes están en el 1400 a.C.

4.- Química: La alquimia está relacionada con el taoísmo, la relación entre el Yin y el Yang, la astrología china y la medicina.

11.- FILOSOFÍA CHINA:
Los 6 pensadores chinos más conocidos son:

11.1.- Lao Tse

Literalmente "viejo maestro" y la tradición establece que fue coetáneo de Confucio, aunque muchos analistas dudan de si realmente existió. Lao Tse es considerado como uno de los fundadores del taoísmo y en su filosofía abogó por la naturalidad, la verdad, la compasión, la moderación y la humildad. Se le atribuye "Tao Te Ching" ó "Tao Te King", obra esencial del taoísmo, aunque otros lo consideran una simple recopilación de refranes taoístas hecho por muchas manos.

Desalentado por el estilo de vida de la nobleza a la que servía, abandonó posiciones de poder para retirarse a vivir en aislamiento.

El TAO ("el camino") abarca el orden innombrable, inmanente del universo. El concepto Wei-Wu-Wei ("acción a través de la meditación") no significa permanecer inmóvil sin hacer nada, sino evitar las intenciones explícitas y la voluntad que obstaculiza la fluidez armónica de la naturaleza. Lao Tse creía que la violencia debe ser evitada y que la victoria militar es una ocasión de duelo debido a la necesidad de usar la fuerza contra otros seres vivientes.

Sus explicaciones usan con frecuencia paradojas, analogías, apropiación de citas antiguas, repetición, simetría, rima y ritmo. Las enseñanzas de Lao Tse y la filosofía taoísta están basadas en el análisis de la Naturaleza y su funcionamiento dual (yin y yang). LaoTse describe al TAO como el origen de todo, la fuente primordial de todo lo existente, tanto lo físico como lo abstracto.

Son citas atribuidas a Lao Tse:

1.- El sabio: No enseña con palabras sino con actos.

2.- La constancia: Una hormiga en marcha hace más que un buey durmiendo.

3.- La felicidad: Quien no es feliz con poco, no lo será con mucho

4.- Enseñanza: Si das pescado a un hombre hambriento, le nutres una jornada; si le enseñas a pescar, le nutrirás toda la vida.

5.- Poder: Aquel que obtiene una victoria sobre otro hombre es fuerte, pero quien obtiene una victoria sobre sí mismo, es poderoso.

6.- Callar: El que sabe no habla, el que habla no sabe.

7.- Constancia: Un árbol enorme crece de un tierno retoño; un camino de mil pasos empieza con un solo paso.

8.- Darte cuenta de que no entiendes es una virtud: No darte cuenta de que no entiendes, es un defecto.

9.- Hechos y palabras: Con buenas palabras se puede negociar, pero para engrandecerse se requieren buenas obras.

10.- Las palabras: Las palabras elegantes no son sinceras; las palabras sinceras no son elegantes. Las palabras verdaderas no caen bien; las palabras que caen bien, no son verdaderas

11.- "Educar no consiste en llenar un vaso vacío sino en encender un fuego latente"

11.2.- Confucio (551-479 a.C.): ("Maestro Kong")
Basado en el artículo "Confucio, ética y civilización" de Zhao Zhenjiang

A.- Los libros de Confucio

1.- Las Analectas. Relaciones humanas

Es una colección de conversaciones con sus discípulos que basa toda su filosofía moral en una enseñanza central el REN, que es la virtud de la humanidad y a su vez está basada en la benevolencia, la lealtad, el respeto y la reciprocidad, valores imprescindibles en las relaciones humanas. Esta obra filosófica ha influido en todas las obras de literatura, filosofía o política de la historia de China. Solo su estudio profundo nos puede dar un verdadero conocimiento de la cultura tradicional china ni comprender el mundo interior de los chinos de la antigüedad.

2.- Los clásicos refundidos por Confucio

2.1.- Libro de las Mutaciones: trata del estudio del devenir a imitación de los principios de las mutaciones cósmicas y ayuda a la gente a convivir armónicamente con la naturaleza.

2.2.- Libro de los Documentos: Consigna los documentos de las dinastías Xia, Shang y Zhou y facilita el conocimiento de la historia y la continuación de la tradición de los antepasados.

2.3.- Libro de las Odas: es una recopilación de 305 poemas, cuya función es encauzar las emociones de los hombres para lograr la armonía del corazón

2.4.- Libro de los Ritos: ajusta las relaciones entre los hombres, , es el estudio de la conducta

2.5.- Libro de la Música: Ayuda a comprender la música de la antigüedad, además de fomentar la amistad en la comunicación social

2.6.- La Crónica de Primaveras y otoños: es el más importante, refundido por Confucio basándose en una crónica del ducado LU, se trata de una crítica a la sociedad y cuyo estudio ayuda a distinguir lo justo de lo injusto.

B.- Doctrina confuciana

3.- Regla de oro de Confucio
"Trata a los demás como querrías que te trataran a ti". Y su ética de la virtud ha sido una de las más grandes contribuciones de China al humanismo.

4.- Filosofía
La esencia de sus enseñanzas se centra en la buena conducta en la vida, el buen gobierno del Estado (caridad, justicia y respeto a la jerarquía), el cuidado de la tradición, el estudio y la meditación.

5.- Confucio y la violencia
Confucio desaprobó el uso de la revolución violenta por principio.

6.- Las máximas virtudes
La tolerancia, la bondad, la benevolencia , el amor al prójimo y el respeto a los mayores y antepasados.

7.- Doctrina confuciana:
Se puede resumir en una serie de mandatos que deberían ser los principales deberes de todo hombre de gobierno:

7.1.- Amar al pueblo, renovarlo moralmente y procurarle los medios necesarios para la vida cotidiana.

7.2.- Debe servirse en primer término con soberano respeto a Aquel que es el primer Dominador.

7.3.- Cultivar la virtud personal y tender sin cesar a la perfección.

7.4.- En la vida privada como en la pública, observar siempre el sendero superior del "justo medio".

7.5.- Tener en cuenta las dos clases de inclinación del hombre: unas proceden de la carne y son peligrosas; las otras pertenecen a la razón y son muy sutiles y fáciles de perder.

7.6.- Practicar los deberes de las cinco relaciones sociales (entre gobernador y ministro, entre padre e hijo, entre marido y mujer, entre hermano mayor y hermano menor y entre esclavos y dueño)

7.7.- Tener como objeto final la paz universal y la armonía general.

8.- Las cinco virtudes

El objetivo de Confucio era educar a sus compatriotas formándolos en el carácter perfecto del caballero noble, al mismo tiempo que establece un orden moral para el pueblo, porque los Seis Clásicos contienen las cinco virtudes más importantes para los chinos:

- La humanidad o benevolencia, REN
- La justicia o rectitud, YI
- La conducta ritual adecuada, LI
- La sabiduría, ZHI y
- La confiabilidad, XIN

9.- REN

REN significa "amar a los hombres" y amor por los hombres significa amor universal. Confucio enfatiza que "este tipo de amor empieza por el amor a los padres". Para él nadie puede amar a los demás si no ama a sus propios padres.

Para Confucio "la piedad filial y los deberes fraternales" son la esencia del REN. Para Confucio Ren significa el amor universal y también "no hagas a los demás lo que no quieras que te hagan a ti".

10.- LI

La función de LI es mantener la armonía entre los hombres. Y su implicación filosófica es que los hombres gozamos de una esperanza de vida limitada, pero la vida de la naturaleza es eterna. Los padres otorgan a sus hijos el don de la vida que perdura en los hijos de los hijos.

C.- La sociedad

11.- La sociedad en el confucionismo

El confucionismo ve solamente al hombre realizado en tanto ser social que ocupa un puesto y desempeña una función, no como un ser aislado. En la idea confuciana de la sociedad utópica, la jerarquía no es solo social, sino también moral. En la China antigua la familia no era un núcleo reducido, sino un gran clan, muchos miembros vivían bajo un mismo techo, reconocían un antepasado en común y mantenían vínculos con otros grupos del mismo origen. Una familia así era una prefiguración del Estado. La familia era vista como un pequeño reino con jerarquías, protocolos y métodos de gobierno y el Estado como una gran familia en la que debe haber afectos, relaciones y obligaciones morales.

12.- Los hombres y la sociedad

Todos los hombres para los confucianos son de naturaleza básicamente igual, independiente de su posición o lugar de nacimiento. Pero no pueden mantenerse iguales ya que sería perjudicial para el buen funcionamiento social.

13.- La primera sugerencia histórica: la armonía

De la civilización china a la humanidad es la elección de la armonía y la paz. La civilización china es esencialmente unca civilización con la característica de la paz y la armonía. La armonía comprende tres conceptos:

1.- La armonía entre el hombre y la naturaleza: el punto clave consiste tanto en transformar la naturaleza para satisfacer las necesidades de los seres humanos, como en modificar el modo de vida para adaptarse a la ley de la naturaleza.

2.- La armonía entre los seres humanos: para llegar a un desarrollo conjunto y concertado, hay que respetarse no solo a sí mismos sino también a los demás, considerando no solo a los intereses parciales sino también los intereses del conjunto.

3.- La armonía del hombre consigo mismo: comprende el equilibrio entre lo físico y lo mental, cuyo punto clave consiste en elevar su propia personalidad y su virtud a través de la práctica y autorreflexión.

El concepto de la armonía de la civilización china tiene un valor de referencia para resolver los problemas actuales de China y del mundo. Si hay que escoger entre la guerra y la paz, creo que la mayoría absoluta de los seres humanos escoge la paz; si hay que escoger una entre la confrontación y la armonía, creo que la mayoría absoluta escoge la armonía. El mantenimiento de la paz mundial y la creación de un mundo armónico es la elección racional de la humanidad y también es la garantía del progreso continuo de la humanidad.

14.- La segunda sugerencia de la civilización china

Es escoger la tolerancia y la apertura. La tolerancia es una idea original de la civilización china Dice Lao Tse: "sólo con tolerancia se llegará a ser justo e imparcial". Hay un dicho antiguo: "Con tolerancia, la virtud es más grande".   La tolerancia durante las Dinastías Han se desarrolló mediante su gran comunicación con otras civilizaciones, el budismo se transmitió a China creciendo su influencia de forma exponencial y pasando a formar parte de la propia cultura china.

Durante la dinastía Tang los miembros del gobierno eran de

diversas nacionalidades y tenían la oportunidad de demostrar sus talentos y capacidades. Los intercambios culturales prosperaron.

Hasta la Dinastía Ming la civilización china era muy abierta e incluso llegó hasta Europa, despertando gran interés mutuo en todos los campos de la ciencia, la medicina, la religión y la cultura e incluso en el siglo XVIII se puso de moda un "ambiente chino" en Europa. Sin embargo, en la Dinastía Qing China se aisló del resto del mundo.

La paz, la armonía, la tolerancia y la apertura han sido las sugerencias principales que encontramos al revisar la historia de la civilización china. En resumen, son cuatro frases:

1.- La armonía sí, el antagonismo no.
2.- La tolerancia sí, la intolerancia no
3.- El intercambio sí, el aislamiento no
4.- La admiración sí, y la discriminación no

15.- Hoy día con la globalización económica

Se han promovido los intercambios económicos y es inevitable en cierta medida disminuir las diferencias culturales entre los países en el mundo. Sin embargo, la cultura es el alma y la dignidad de una nación, es el signo para diferenciarse de otros países. Sería inconcebible que las culturas formadas en largo tiempo y con tantas diferencias, se convirtieran en una sola monótona.

D.- La educación para conseguir la armonía

16.- Sobre la educación

Antes de Confucio solo la nobleza tenía derecho a la educación. El fue el iniciador de la enseñanza privada en la historia china, y se dedicó a ello durante muchos años y llegó a tener 3.000 discípulos. De ellos 72 fueron sobresalientes en distintos terrenos.

Para él el objetivo básico de la enseñanza era educar a personas virtuosas, sensatas y de mente esclarecida y los principios generales de la educación radicaban en elevados ideales, una gran virtud, el amor a los demás, además de las seis artes. De todos ellos, consideraba la virtud como el principio más importante. El objetivo principal de la educación debía ser mejorar su cultura y formación y acrecentar su máxima virtud, el amor a los demás.

"Conocer la máxima virtud no es tan bueno como convertirla en tu objetivo. Convertirla en tu objetivo no es tan bueno como regocijarse con su práctica".

Su ideal supremo es buscar la armonía entre las personas y entre éstas y la naturaleza. Y para conseguirlo, la educación no solo debe aumentar los conocimientos, sino que es incluso más importante abrir su mente y elevar su nivel espiritual. En otras palabras, es importante la búsqueda continuada de una vida con mayor valor y significado.

Muchos intelectuales contemporáneos consideran que esta teoría de la perspectiva de la vida es la característica más valiosa de la filosofía china. Y esto comenzó con Confucio.

17.- La ética universitaria de Confucio

La ética planteada por Confucio es para todos los hombres. Las palabras claves son:

- La benevolencia
- La justicia
- La conducta ritual adecuada
- La sabiduría y
- La confiabilidad

Al ser la universidad una parte de la sociedad, las virtudes humanas tales como la fraternidad, la igualdad y la libertad son apropiadas también para los universitarios, sean profesores o universitarios. Pero la universidad es la cuna para preparar personas sobresalientes y calificadas , que tienen más responsabilidades sociales y por ello deben tener algunas virtudes específicas. Para mí, por ejemplo, las aspiraciones, las creaciones y las autorreflexiones. (o autoexámenes **permanentes)**

18.- Instrucciones de la Universidad Qinghua
1.-Hacer esfuerzos incansables por ser más fuerte
2.- Acrecentar sus virtudes para sostener los seres del mundo
En español son dos frases sencillas, pero en chino son muy cultas, profundas, históricas y poéticas, constituyendo un estímulo espiritual no solo para los universitarios sino para todo el pueblo chino.

19.- Instrucciones de la Universidad de Pekín
Son cuatro palabras clave: Aplicados, Estrictos, Buscar la verdad e Innovaciones. Son claras y concretas, pero más prácticas que poéticas.

20.- La aspiración o el ideal
La aspiración o el ideal es la fuerza motriz de nuestro avance y progreso. A juicio del articulista:
1.- La dirección es más importante que los esfuerzos
2.- La felicidad más importante que la riqueza y
3.- El pensamiento más importante que la dirección
La aspiración o sea el ideal es un prerrequisito que hay que realizar a través de las prácticas. Y en las prácticas lo más importante consiste en las innovaciones, o sea, las capacidades de creatividad. Sin innovaciones, no podrá avanzar ni desarrollar una persona, una familia, ni una sociedad. Por lo tanto, la capacidad creativa es muy importante para los universitarios. Para realizar nuestras aspiraciones e innovaciones y para alcanzar la máxima excelencia, es indispensable el estudio y la introspección, el autoexamen y la autocrítica, entendidas como un mirar hacia adentro, es decir, el conocimiento pleno de uno mismo.

El estudio de textos antiguos, las lecciones de los sabios y la naturaleza es la base de la mejora individual.

21.- JUNZI, un hombre superior

Este término en el confucionismo resalta superioridad moral, sin relación al origen social. El JUNZI será educado y justo, la virtud le sería inherente y siempre estaría en el Justo Medio. El JUNZI conoce y respeta los mandatos del cielo y conoce el propio.

El confucionismo sostiene que hay pocos hombres superiores y que la mayoría la conforman los XIAOREN, literalmente hombrecillos. Ellos son hombres vulgares que no se elevan a lo mejor de la humanidad.

El hombre superior tiene la misión de ocupar cargos públicos para poder dirigir a la sociedad. La burocracia de la China posterior llegó a identificarse mucho con esta idea, dando lugar a gran espíritu de servicio en las buenas épocas. Sin embargo, en las épocas de decadencia, era mayormente una doctrina seca e hipócrita, muy lejos de los pensamientos del confucionismo.

22.- Exámenes imperiales

A partir de la dinastía Song los clásicos confucianos fueron la base de los exámenes imperiales y se convirtieron en la filosofía central de la clase oficial erudita. Fue la religión oficial de China hasta 1912 y ejerció una gran influencia sobre China, Corea, Vietnam, Japón, Taiwán. Hong Kong y Macao.

E.- EL cosmos

23.- Cielo & naturaleza

Para Confucio el Cielo equivalía a la naturaleza como el gran mundo de la vida y del proceso creativo. La vida humana formaba parte de la naturaleza como un todo. La creación ininterrumpida es cambio y la gran virtud del Cielo y de la Tierra es crear vida.

El cielo da nacimiento a la humanidad y los seres humanos están obligados a cumplir dicho propósito. En otras palabras, en los humanos existe un sentido innato de "misión celestial", éste es el significado de la vida. Toda persona de virtud debe "respetar su misión celestial", escuchar y vivir el objetivo determinado por el Cielo, cuidando y mejorando la existencia.

Hoy ha comenzado a prestarse una mayor atención hacia la cultura ecológica. Los seres humanos debemos escuchar la voz de la naturaleza.

24.- El cosmos para los confucianos

Ven el cosmos como algo armónico que regula las estaciones, la vida animal, la vegetal y la humana. El hombre debe armonizarse con el cosmos, es decir, estar de acuerdo a lo ordenado por el Cielo. Para ello, debe autoperfeccionarse mediante la introspección y el estudio. Si lo logra, tendrá conocimiento de sí mismo y de los deseos del Cielo, lo que servirá para desarrollar su LI, que significa los ritos, las ceremonias, la rectitud y las buenas formas interiorizadas. El LI es útil para desarrollar el REN que se podría traducir por "buenos sentimientos hacia los demás hombres". La práctica del REN supone las virtudes como "lealtad y perdón" , o como "fidelidad y compasión". Si el hombre tiene REN, podrá fácilmente practicar la justicia, los buenos principios, llamados YI.

En el confucionismo , YI se opone a LI. El LI opuesto a YI significa beneficio, ganancia, lo que supone alejamiento de la generosidad que exige REN.

F.- La administración confuciana

25.-Reglas para el gobernante

Para Confucio la familia es la referencia de un gobierno ideal, entendiéndola como una comunidad en la que los unos y los otros procuramos el bienestar y progreso de todos. En realidad, esas personas nos importan y nosotros les importamos a ellas.

Confucio deseaba devolver la autoridad del estado al duque y también intentó conseguir que los gobernantes feudales de su tiempo se comportaran de manera más virtuosa: La base de la doctrina confuciana es recuperar a los antiguos sabios de la cultura china e influir en las costumbres del pueblo:

1.- Una sociedad próspera solo se conseguirá si se mantienen las relaciones en plena armonía. Confucio sostiene que cualquier tipo de gobierno para lograr sus metas debe preservar correctas las relaciones sociales, la justicia, la bondad y la seguridad.

2.- El administrador deberá ser de conducta intachable y sin egoísmo hacia sus administrados y deberá mantener la rectitud para poder lograr la lealtad a un gobierno legítimo. Si el príncipe es virtuoso, los súbditos imitarán su ejemplo.

3.- La mente de un gobernante debe estar siempre trabajando para mejorar de alguna manera su gobierno sin preferencias de ningún tipo.

4.- Se trabaja hacia un pueblo, por lo cual el gobernante debe tener un amplio criterio de resolución de problemas y de imparcialidad entre funcionarios.

5.- La preocupación básica del gobernante debe ser lo económico, pero con esfuerzo colectivo se sobrepondrá.

6.- Es obligación de los gobernantes estudiar un problema para dar así la más adecuada resolución. La solución a un problema deberá ser viéndolo desde una manera objetiva y sin rebasar las normas de ética profesional.

7.- Las organizaciones y las relaciones no son estáticas, van evolucionando y conforme el mundo va cambiando las personas crecen y van cambiando. Si las estructuras de gobierno son estáticas, simplemente no pueden sobrevivir a los cambios, porque no van a poder aprovechar las ventajas competitivas generadas por el capital humano.

8.- El gobernante debe apoyar la gestión del cambio y la flexibilidad, Aprender sin reflexionar es malgastar la energía. Hay que aprender lecciones mediante espacios de reflexión que provoquen cambios de actitudes y comportamientos grupales.

Un ejemplo común que pone el confucionismo es el del mal gobernante que conduce a su pueblo a la ruina mediante su conducta. El mal gobierno contradice el orden natural y viola el Mandato del Cielo. El gobernante que se conduce así pierde su legitimidad y puede ser depuesto por otro que recibirá eses mandato.

26.- Reglas para el empresario

1.- Sobre la estrategia: Lo primero es saber a dónde se quiere llegar, las metas y objetivos a alcanzar y el camino que debemos seguir para alcanzarlo. A ello lamamos estrategia.

2.- Sobre el camino a seguir: hay que definir los pasos, que podemos llamar planes o metas intermedias hacia la meta definitiva.

3.- Para conseguir metas: Confucio nos dice:
"Cuando es obvio que las metas no pueden ser alcanzadas, no ajuste los objetivos, ajuste los pasos a seguir.

4.- Familia y empresa: Para Confucio la familia es la referencia de una empresa ideal, entendiéndola como una comunidad en la que los unos y los otros procuramos el bienestar y progreso de todos. En realidad, esas personas nos importan y nosotros les importamos a ellas.

5.- El cambio en la empresa: Las organizaciones y las relaciones no son estáticas, van evolucionando y conforme el mundo va cambiando las personas crecen y van cambiando. Si las estructuras de la empresa son estáticas, simplemente no pueden sobrevivir a los cambios, porque no van a poder aprovechar las ventajas competitivas generadas por el capital humano.

6.- El gerente: El gerente debe apoyar la gestión del cambio y la flexibilidad, Aprender sin reflexionar es malgastar la energía. Hay que aprender lecciones mediante espacios de reflexión que provoquen cambios de actitudes y comportamientos grupales.

7.- El liderazgo: no trata de conseguir las cosas a la fuerza o por las malas, sino que se trata de inspirar y lograr las metas en conjunto.

11.3.- Mozi: (468-391 a.C.):

1.- Primer filósofo consecuencialista del mundo:

Donde la corrección o incorrección de nuestras acciones se mide por su resultado, es decir, el valor o desvalor que generan. La ética mohísta evalúa el valor moral de una acción en conseguir o no orden social, riqueza material o el crecimiento de la población. Mozi pensaba que si la gente tiene abundancia, será bueno, filial, amable y sin problemas.

1.1.- Orden social, contra la guerra y la violencia

1.2.- Riqueza básica entendida como cubrir las necesidades básicas de refugio, ropa y alimentos

1.3.- Crecimiento de la población mediante más reproducción.

2.- Fundador del MOHISMO:

Una escuela de lógica y pensamiento científico que cuestionó aspectos del taoísmo y del confucionismo (lo consideró demasiado fatalista y rechazó sus ritos y entierros costosos que él estimó que eran perjudiciales al sustento y la productividad de la gente y que no servían a ningún propósito práctico). También criticó la creencia confuciana de que la vida moderna debería ser modelada en los caminos de los antiguos. Sin embargo, parte de su pensamiento fue absorbido por el legalismo y el confucionismo.

3.- Filosofía:

Subrayó la necesidad de autocontrol, autorreflexión y autenticidad más que la obediencia al ritual. Observó que aprendemos sobre el mundo a través de la adversidad. Reflexionando sobre los propios éxitos y fracasos, uno alcanza un auténtico conocimiento de si mismo. Mozi exhortó a la gente a llevar una vida de ascetismo y autocontrol

4.- Su pasión:

Fue el bien de la gente, sin preocupación por ganancias personales o incluso por su propia vida o muerte. Creía en el amor a toda la humanidad. Luchó por todo lo que beneficiara a la humanidad.

5.- Sobre las personas:

Mozi creía que las personas eran capaces de cambiar sus circunstancias y dirigir sus propias vidas.

6.- Sobre la familia:

Mozi creía que lo natural y correcto era que la gente se preocupara con "cariño imparcial" o "amor universal" por todas las personas por igual, rompiendo con el apego chino por los padres, la familia o el clan a los que no se debía cuidado especial alguno. Esta idea fue considerada absurda por otros filósofos chinos. Aunque aceptaba que el amor universal comenzaba con lo que está más cerca.

7.- Sobre la benevolencia:

Mozi consideraba que la benevolencia llega a los seres humanos "tan naturalmente como el fuego gira hacia arriba o el agua se vuelve hacia abajo".

8.- Diferencia entre "intención" y "realidad":

Dando una importancia central a la voluntad de amar. Para Mozi la voluntad del Cielo era que las personas se amaran unas a las otras y que el amor mutuo entre todos traería beneficios para todos. Para Mozi el Cielo no era de naturaleza "amoral" mística de los taoístas. Más bien, era una fuerza moral benevolente que recompensaba el bien y castigaba el mal. Similares de alguna manera a las religiones abrahámicas.

9.- Sobre el individuo:

Mozi no creía que la felicidad individual fuera importante: las consecuencias del Estado superan las consecuencias de las acciones individuales.

10.- Desaparición del moísmo:

Desapareció como una tradición viva de China, debido a que era contrario al confucionismo. Sus textos no fueron mantenidos y faltan muchos capítulos o se encuentran en estado degradado.

11.- Partidarios modernos de Mozi:

Algunos partidarios modernos de Mozi , como los comunistas, afirman que el moísmo y el comunismo moderno comparten mucho en términos ideales para la vida comunitaria.. Otros dirían que el moísmo comparte más con las ideas centrales el cristianismo, en especial la idea de "amor universal"(en griego ágape), la "Regla de Oro" yla relación de la humanidad con el reino sobrenatural.

11.4.- Sang Yang (390 – 338 a.C.): Pensador, hombre de Estado, teórico político

1.- Solidaridad del clan en el ámbito penal: Shang Yang extiende la solidaridad del clan al ámbito penal, imponiéndola denuncia y la responsabilidad colectiva ante los tribunales. Si se comete una falta, se castiga a todos los jefes de familia del clan.
Se crea así una policía interna en el clan.

2.- Reforma agraria: Privatizó la tierra, recompensó a los agricultores que superaban las cuotas de cosecha y esclavizó a los que no cumplían con ellas, utilizando a los súbditos esclavizados como premio para los primeros.

3.- Fundador de la escuela legalista: postulaba que las leyes siempre debían ser obedecidas, al margen de consideraciones morales. Defendía que "todas las personas son iguales ante la ley", incluso los poderosos.

4.- Pensamiento independiente:

4.1.- Abogó por la política económica en torno a la agricultura y formuló 20 métodos para recuperar las tierras baldías. Estimuló el desarrollo de la agricultura desdeñando la industria y el comercio.

4.2.- Abogó por castigos severos y generosas recompensas. Sang Yang creía que la naturaleza de los seres humanos es la búsqueda de ganancias y el miedo al crimen.

4.3.- Abogó por la guerra pesada y las artes marciales y tenía una ideología militarista. Consideraba que el propósito de la reforma política es lograr el éxito militar.

4.4.- Abogó, por último, porque el Estado unifique las mentes de las personas, formule un sistema unificado y logre un objetivo unificado.

11.5.- Mencio (372 – 289 a.C.):

El más conocido y eminente filósofo seguidor del confucionismo, heredó su ideología y la desarrolló aún más en ideas como la de la bondad básica de la naturaleza humana e influyó en su tiempo incluso más que Confucio en el suyo. También propuso una versión temprana del "contrato social" a través del cual los miembros de una sociedad admiten la existencia de una autoridad y fijan un conjunto de leyes.

1.- Principio fundamental de su obra: El hombre es bueno por naturaleza (como Rousseau). La naturaleza humana es justa y humana y un Estado con políticas justas y humanas florecerá por naturaleza. Los ciudadanos, libres por el buen gobierno, dedicarán entonces tiempo al cuidado de sus esposas, hermanos, mayores e hijos, y se educarán con ritos y serán naturalmente mejores ciudadanos.

2.- La educación: Estos sentimientos son una especie de raíces que, cultivadas, desarrollan las virtudes de la benevolencia, la rectitud, la urbanidad y la sabiduría. Con la educción se puede preservar la bondad innata al nacer. Dijo. "Un gran hombre es el que no pierde el corazón de un niño"

3.- Pensamiento político: Mientras el confucionismo generalmente tenía una alta estima por los gobernantes, Mencio argumentaba que es aceptable que los súbditos depongan o incluso asesinen al gobernante que ignora las necesidades de la gente y gobierna con dureza. Un gobernante debe justificar su posición actuando con benevolencia antes de poder esperar reciprocidad del pueblo. Así el rey tiene presumiblemente un estatus superior al de un plebeyo, pero en realidad está subordinado a las masas populares y a los recursos de la sociedad.

Uno es importante sólo por lo que da, no por lo que toma. También dijo que no existe guerra justa.

4.- Sistema de "comunismo agrario primitivo": Así lo llaman muchos marxistas, ya que se basa en la división de los campos en nueve partes, de las que las ocho de la periferia serían distribuidas entre las familias, mientras que la novena, situada en el centro, sería cultivada de forma comunitaria en beneficio del príncipe.

5.- Hombres superiores e inferiores: Mencio los distinguía ya que los primeros reconocen y siguen las virtudes de la rectitud y la benevolencia y los segundos los que no lo hacen.

6.- Perspectiva confuciana del mercado: se aprende más del pensamiento de Confucio a partir de Mencio que del propio filósofo. El gobierno no debería intervenir en el mercado. Era también función del Estado proteger contra los monopolios, pero partiendo de la natural bondad humana que permitía confiar en su autoregulación. Mencio expone que el ser humano es recto y humano por naturaleza y que es la influencia de la sociedad la que causa el mal carácter moral.

7.- Los cuatro principios o brotes: Los tienen todos los hombres:
Hay cuatro sentimientos naturales o tendencias, que le orientan en el buen camino:
7.1.- El sentimiento de compasión es definitivamente el principio de la humanidad
7.2.- El sentimiento de vergüenza y aversión es el comienzo de la rectitud
7.3.- El sentimiento de deferencia y conformidad (o respeto y modestia) es el principio de corrección y
7.4.- El sentimiento de lo correcto o incorrecto, de lo que está bien y está mal, es el comienzo de la sabiduría

Y pueden crecer y desarrollarse o pueden fracasar:

-       Los taoístas creían que los humanos no necesitan cultivarse, solo necesitan aceptar su bondad innata, natural y sin esfuerzo.

-       Confucianos como Xunzi pensaban que las personas eran innatamente malas.

-       Mencio cree que la naturaleza humana tiene una tendencia innata hacia la bondad, pero que los malos ambientes tienden a corromper la voluntad humana. De este modo Mencio sintetizó partes integrales del taoísmo y del confucionismo.

8.- La educación: El esfuerzo individual es necesario para cultivarse, pero las tendencias naturales de cada uno son buenas desde el principio. El objeto de la educación es el cultivo de la benevolencia, también conocido como REN. La educación debe despertar las capacidades innatas de la mente humana. Denunció la memorización y abogó por el interrogatorio activo del texto, diciendo "Quien cree todo un libro, estaría mejor sin libros". Se debe comprobar la coherencia interna comparando secciones y debatir la probabilidad de relatos fácticos comparándolos con la experiencia.

9.- Sobre el Cielo: Mencio negó que el Cielo protegiera a una persona independientemente de sus acciones. Quien sigue el destino vivirá una vida larga y exitosa. El que se rebela contra el Destino morirá antes de tiempo.

11.6.- Zhu Xi (1130-1200 d.C.):

Historiador, filósofo, político y erudito neoconfucionista que mezcla las ideas confucianas tradicionales con influencias budistas y taoístas. Sus comentarios sobre Confucio fueron la base oficial para los exámenes imperiales durante 600 años desde 1313 hasta 1905. Se preocupó en especial de la "investigación de las cosas", así como de la meditación como método para el autocultivo, lo que daría forma a la cosmovisión de los chinos para la posteridad.

1.- Los Cuatro Libros: hizo mucho hincapié en ellos: "El Gran Saber, la Doctrina de la Medianía, las Analectas de Confucio y Mencio como el plan de estudios básico para los aspirantes a funcionarios académicos, cuyo estudio a menudo comenzaba con los comentarios de Zhu Xi como piedra angular para comprenderlos.

2.- QI y LI: El QI a veces se traduce como fuerza vital (o física, material) y el LI traducido como principio racional (o ley). La fuente y suma del LI es el TAIJI, es decir, el Fundamento Supremo. La fuente del QI no está tan claramente establecida por Zhu Xi. QI y LI operan juntos en dependencia mutua y se relacionan mutuamente en todas las criaturas del universo.

Cuando su actividad aumenta, ese es el modo de energía YANG.

Cuando su actividad disminuye, ese es el modo de energía YIN. Las fases YANG y YIN interactúan constantemente, cada uno ganando o perdiendo dominio sobre la otra. En el proceso de crecimiento y disminución, la alternancia de estas vibraciones fundamentales, evolucionan los llamados cinco elementos (fuego, agua, madera, metal y tierra).

3.- LI y TAIJI: según la teoría de Zhu Xi, cada objeto físico y cada persona tiene su LI y, por lo tanto, contacto en su núcleo metafísico con el TAIJI, lo que se conoce como el alma, la mente o el espíritu humanos o el principio creativo supremo, a medida que se abre camino en una persona.

4.- Ideales de la filosofía confuciana: son la claridad de mente y la pureza de corazón.

5.- Actividad verdaderamente inteligente: según Zhu Xi requiere como componentes indivisibles el conocimiento y la acción. Aunque distinguió la prioridad del conocimiento, ya que la acción inteligente requiere previsión, y la importancia de la acción, ya que produce un efecto discernible. El conocimiento y la acción se requieren mutuamente. Con respecto al orden, el conocimiento es lo primero, pero con respecto a la importancia, la acción es más importante.

6.- Religión: Zhu Xi creía en la existencia de los espíritus, fantasmas, adivinación y bendiciones.

7.- Meditación: Zhu Xi practicaba una forma de meditación diaria llamada jingzuo similar pero no igual, al dhyana budista. Su meditación no requería el cese de todo pensamiento, más bien se caracterizaba por una introspección tranquila que ayudaba a equilibrar varios aspectos de la personalidad y permitía enfocar el pensamiento y la concentración.

8.- Sobre la enseñanza: Afirmaba que el único camino hacia la condición de sabio era el aprendizaje y deseaba que todos los hombres pudieran alcanzar la condición de sabio. Creó su propia academia.

12.- IDIOSINCRACIA CHINA

Está todavía arraigada en los valores tradicionales y milenarios de Confucio, que incluyen el respeto, el compromiso personal y moral en la familia y en sus antecesores, el cuidado de las apariencias y la importancia de la red de relaciones personales, entre otros.

12.1.- Relaciones de negocios

1.- El éxito depende del Guanxi (traducción literal "relaciones"): es la palabra china que define el concepto de beneficio mutuo, crítico para lograr el éxito en el "Reino Central" (traducción literal de CHINA). Allí no existe algo como "la relación pura de negocios", en cambio, para ser exitoso se deben establecer relaciones y contactos entre personas, que cooperan entre sí e intercambian favores. El término "Guanxi" se refiere al delicado arte de construir y nutrir estos lazos personales, esperando siempre del visitante la misma disposición a favorecerles (favor con favor se paga).

El Guanxi se sustenta en cuatro principios:

1.1.- La confianza (respeto y conocimiento de otros)

1.2.- El favorecimiento (lealtad y obligación)

1.3.- La dependencia (armonía, reciprocidad y beneficio mutuo)

1.4.- La adaptabilidad (paciencia y atención).

El "Guanxi" existe entre familiares por un vínculo sanguíneo, entre compañeros de clase o de trabajo por las vivencias compartidas y entre socios o conocidos en los negocios por las asistencias realizadas.

Mientras los norteamericanos dan una gran importancia a las relaciones entre instituciones y la información que éstas generan (networking), los chinos dan esa misma importancia a las relaciones con personas y al capital social proveniente de su grupo de amigos, familiares y asociados cercanos. Aunque el rol del "Guanxi" vaya en contra de la teoría moderna de la gestión empresarial y del proceso de "occidentalización" de algunas prácticas gerenciales chinas, aún tiene una importante fuerza social, tanto es así que la persona que tiene mejor "Guanxi" gana y se puede definir en el siguiente refrán chino: "Cuando te hago las cosas difíciles, las hago difíciles para mí también. Cuando hago las cosas fáciles para ti, las hago fáciles para mí también".

2.- Cita de negocios: La anulación de una cita o la falta de puntualidad en China es una ofensa para la persona o personas que le esperan. Lo mejor es llegar con antelación.

3.- Los negocios se basan en la amistad, por lo que las relaciones no deben promoverse justo antes de una venta o compra, sino que deben establecerse de forma gradual y una vez generado el contacto, este debe mantenerse en el tiempo si se quiere seguir haciendo negocios en China.

4.- Dirigirse a una persona: utilice su título y su apellido. Cuando sea posible utilice sus títulos oficiales**.**

5.- En las presentaciones: los chinos suelen hacerlo con el cargo que ocupan en la empresa, su apellido y su nombre (en este orden) y después el nombre de la empresa. Usted debería hacer lo mismo.

6.- Como primer saludo: es cada vez más popular estrechar la mano. Eventualmente también puede consistir en una leve inclinación de cabeza. En todo caso, espere a que la otra parte inicie el gesto. No es correcto abrazar o palmear. A los chinos de más edad no les gusta el contacto físico con extraños. Las personas de más autoridad o edad en un grupo esperan ser reconocidas y saludadas antes que el resto.

7.- Las tarjetas personales: Deben ser entregadas con ambas manos. Cuando reciba la tarjeta de su interlocutor, léala con atención antes de guardarla. La tarjeta debe tener el apellido o nombre de familia en primer lugar y después el nombre de pila.

8.- Conversación con traductor: no debe dejar de mirar a su contraparte comercial de mayor rango

9.- Si algo no fue bien recibido en la reunión: esto no le será comunicado. Seguramente en la siguiente reunión su interlocutor sea otra persona y probablemente de rango inferior.

10.- Entrada en la sala de reunión: según el protocolo chino, se debe entrar conforme al orden jerárquico. Se espera que las personas de mayor rango lideren las negociaciones. Las interrupciones de subordinados pueden ser muy mal vistas.

11.- Punto de vista chino: los negociadores chinos saben que quien se ha tomado la molestia de viajar a China, no querrá volverse con las manos vacías y usarán este hecho como elemento de presión para lograr sus objetivos.

12.- Punto de vista visitante: también es importante dejarles muy claro que no se está dispuesto a llegar a un acuerdo para hacer un mal negocio en China.

13.- Al entablar una conversación: evite las respuestas negativas. En lugar de decir "no", diga "puede ser" o "lo pensaré". Debe actuar como ellos y aunque al final sea negativa, siempre deje esta duda con expresiones como las que ellos mismos dan. Los chinos nunca dicen directamente "no". Les gusta dejar siempre una puerta abierta a la esperanza. Le responderán "quizás", "Tal vez", "no estamos seguros", "lo pensaremos", etc

14.- Contra las prisas: Los chinos suelen tratar de alargar mucho las negociaciones para tratar de obtener mejores condiciones para ellos.

15.- Aspirar (tomar) aire con fuerza: cuando hay tensión, en un chino hacerlo y expulsarlo con un movimiento sonoro de los labios e incluso chasquear los dientes significa que no están de acuerdo con la propuesta e incluso que no se la esperaban.

16.- Cuidado con las advertencias: Los chinos son muy sensibles, incluso susceptibles, y cada advertencia puede ser interpretada como una humillación, que no olvidará en mucho tiempo.

17.- Lealtad racial: Según Amy Chua en su ensayo "El mundo en llamas", a los chinos se les llama los "judíos de oriente" y su primer parecido radica en la "lealtad racial": da igual donde vivan, qué nacionalidad asuman, los chinos siguen siendo en esencia chinos. pero se trata de lealtad de raza, no de amor al país. Si un chino se casa con una thailandesa, esta se convierte en china, pero si una china se casa con un thailandés, la china sigue siendo china. Además, como los judíos, dividen el mundo en dos partes: los chinos y los bárbaros. Y, por último, los chinos están dispuestos a sufrir todo tipo de privaciones por dinero. Y es así como consiguen acaparar para ellos todo el trabajo disponible y nada dejan para los demás.

18.- Sociedades asiáticas y sociedades occidentales: las sociedades asiáticas son distintas a las occidentales porque las sociedades orientales creen que el individuo existe en el contexto de la familia. No es independiente ni prioritario ante el interés de la familia.

12.2.- Almuerzos o cenas de negocios

La etiqueta es la mesa juega un papel fundamental en la forma en la que los chinos interactúan durante las comidas, reflejando valores culturales arraigados y una profunda apreciación de la armonía y del respeto mutuo.   En la comida en China no se trata de alimentarse, sino también de crear un ambiente armonioso y fomentar las relaciones personales. La comida es considerada un arte, una expresión de amor y respeto hacia los demás.

1.- Almuerzos o cenas: Los almuerzos de negocios están creciendo en popularidad, pero todavía lo más común es cenar, comenzando a las seis de la tarde (hora china) y durando sobre dos horas.

2.- El anfitrión en cabeza: generalmente el anfitrión encabeza la mesa, mirando hacia la puerta. A su lado se sienta el invitado de honor. El resto se va sentando desde la cabecera hacia afuera en orden de jerarquía descendente.

3.- Platos: es muy común que se sirvan entre 20 y 30 platos diferentes. Es importante no comer demasiado en los primeros para poder probar un poco de cada uno. Dejar un plato sin probar puede ser ofensivo. Al mismo tiempo, terminar completamente un plato es señal de que la cantidad servida no fue suficiente, por lo que siempre hay que dejar parte en el plato.

4.- Brindis: Es muy común brindar en varias oportunidades mientras dura la comida de negocios. El primer brindis lo propone el anfitrión.

5.- Las propinas: se consideran un insulto en China. La mayoría de los hoteles y establecimientos no las aceptan (salvo en los internacionales). Evite dar propinas en los establecimientos tradicionales.

6.- La importancia de la cortesía: desde la manera de saludar hasta el gesto de compartir la comida, cada acto tiene un profundo sentido de respeto mutuo. Al sentarse a la mesa es común que los comensales esperen hasta que el anfitrión tome asiento primero. Además, es considerado de buena educación esperar a que éste empiece la comida antes de comenzar el resto.

7.- La etiqueta a la hora de servir: los platos más elaborados y exquisitos suelen ser presentados primero, seguidos de los de carnes y verduras y, finalmente, los de arroz o fideos.

8.- Compartir la armonía: Compartir la comida es un símbolo de camaradería y unidad. Es común que los platos sean colocados en el centro de la mesa y que los comensales se sirvan de forma equitativa. El gesto de ofrecer comida a los demás antes de servirse a sí mismos es un signo de consideración y generosidad. Además, durante la comida hay que evitar hacer ruidos fuertes al masticar o sorber la sopa, ya que se considera de mala educación.

12.3.- Costumbres chinas en la casa de los chinos: si les invitan, aunque no es habitual:

1.-Quitarse los zapatos: es recomendable a la entrada de la vivienda Debe seguir todas las indicaciones que le hagan, pues es una cultura muy ceremoniosa y ritualista.

2.- Los regalos: es costumbre llevar algún presente, aunque los chinos rechazan los regalos varias veces (normalmente tres, aunque pueden ser más) antes de aceptarlos. Si se encuentra en esa situación, no se debe tome asiento primero. ofender, sino volver a intentarlo hasta tener éxito.

3.- Las tazas de té: siempre se rellenan. Los anfitriones se aseguran con regularidad de que las tazas de té no están vacías y, cuando le vuelvan a rellenar la taza, debe tocar la mesa para mostrar agradecimiento

4.- El queso: si usted les invita nunca les ponga queso, porque no está en su dieta y les pondrá en aprietos, pues su cordialidad les prohíbe decir que no. Es mejor un menú bastante oriental para evitar sorpresas.

5.- Los palillos: nunca se deben colocar en posición vertical en el tazón de arroz, ya que es una reminiscencia de un ritual de ofrenda a los muertos. Tampoco sostenga los palillos en la mano si quiere hacer un gesto ni jugar con ellos, puesto que esto se considera de mala educación. Y nunca los lamas.

6.- Agradecimiento: Se valora el gesto de agradecer al anfitrión al finalizar la comida. Mostrar gratitud es una forma de fortalecer los lazos sociales y cultivar un ambiente de amabilidad y respeto mutuo.

7.- Eructar después de comer: Es señal de satisfacción y gratitud.

12.4.- Costumbres en las relaciones con los chinos

1.- Señalar algo con el dedo: se considera de mala educación en algunas zonas cerca del Tíbet. Utilice la mano completa con la palma hacia arriba y los dedos planos para señalar lo que quiera.

2.- Los cumplidos: no deben ser aceptados gentilmente. Los elogios se rechazan ya que pueden ser vistos como un signo de vanidad.

3.- Cuidado con los gestos: hay que tener cuidado cuando se hable con ellos, pues les molesta la gente que vocea o habla a gritos o tono alto.

4.- No hay problema: de la misma forma cuando un chino diga "el problema no es serio", debe interpretarse como "no hay problema".

5.- Dirigirse a una persona: utilice su título y su apellido. Cuando sea posible utilice sus títulos oficiales. Las mujeres casadas, generalmente, usan su apellido de solteras, especialmente en China continental

6.- Al hablar: evite utilizar las manos

7.- Muestras de afecto: Entre personas de distinto sexo están mal vistas.

8.- Escupir en público: Es muy común entre los chinos, pero es una costumbre que dejó de ser aceptable y además ya está multado.

9.- Para llamar a alguien: nunca utilice su dedo índice, sino toda la mano abierta y trayendo los dedos hacia usted. Se señala con la mano entera abierta, no con ningún dedo.

10.- Chasquear los dedos: está considerado como una falta de educación y no es una forma correcta de actuar para ellos. Tampoco haga ningún gesto raro con los dedos.

11.- Sobre los pies: no se le ocurra poner nunca los pies sobre una mesa o una silla. Los pies siempre tienen que estar juntos en el suelo.

12.- Sonarse la nariz: los chinos no ven demasiado higiénico sonarse la nariz con un pañuelo que luego devolvemos a nuestro bolsillo. Lo mejor es que utilice cualquier tipo de pañuelito de papel y deposite el mismo, una vez utilizado, en una papelera. Lo peor es sonarse durante las comidas. No se asuste si ve que algunos chinos se suenan la nariz sin utilizar ningún tipo de pañuelito de papel o tela. Lo hacen directamente al suelo, en la calle, sin más. Para ellos no es ninguna falta de educación, sino una costumbre que era generalmente admitida. Sin embargo, esta costumbre está cambiando y ya no es tan común verlo.

13.- La fila: A los chinos no les gusta hacer fila. En cualquier tipo de gran concentración de personas, no se asuste si empiezan los empujones. Es habitual que se hagan pequeños tumultos y revuelos de gente, pero la cosa no llegará a mayores.

14.- Sobre silbar: Los chinos no tienen costumbre de silbar y es considerado un gesto poco educado. No silban ni para llamar la atención ni por pura diversión. Simplemente no se hace, al menos en público.

15.- Amistad entre chinos: no es raro ver pasear a dos personas del mismo sexo pasear de la mano (con sus manos dadas) pues esto significa amistad.

16.- Llevarse las manos a la boca: no es correcto en China, por lo que debemos evitarlo y también mordernos las uñas, escarbarnos en los dientes o tocarnos los labios, etc.

17.- El saludo de los chinos: al conocerse por primera vez, si la ocasión es informal, pueden saludarse con la mano o asentir con la cabeza mientras dicen "ni hao".

18.- Criticar en público: la cultura china no permite avergonzar, criticar o humillar a nadie delante de otras personas, ya que esto te haría perder autoestima y condición social. Los chinos no admiten errores en público y harán cualquier cosa para evitar la confrontación.

19.- La actitud de los chinos ante lo negativo: incluso cuando están enfadados o frustrados, no levantan la voz y sonríen. Maquillan mucho la realidad y serán poco claros e indirectos a la hora de enfrentarse a una situación incómoda.

12.5.- Costumbres populares

1.- Gansos domesticados: los policías los usan a veces en vez de perros, por ejemplo, en la provincia de Xinjiang, en el noroeste de China. Estas aves tienen buena visión, son fuertes y pueden ser agresivas.

2.- Niños con pantalones agujereados en la entrepierna: es bastante habitual en vez de utilizar pañales. Así pueden hacer sus necesidades cuando lo necesitan y sin ensuciar la ropa.

3.- Mujeres con máscara en la playa: es habitual para protegerse de los rayos del sol y mantener blanca su tez e incluso de las picaduras de medusa.

4.- Siestas en la calle: son comunes en China, igual que en el tren, el autobús, el coche o en otros lugares inusuales.

5.- La mujer en China: los chinos jamás tocan a una mujer, ni siquiera para un educado y occidental saludo de cortesía.

6.- Tocar la cabeza: no se puede tocar en la cabeza a la gente, ni a los niños, porque la cabeza se considera sagrada y tocarla es una señal de falta de respeto.

12.6.- La cultura oriental

La cultura oriental no se limita a una religión o a la práctica de la meditación: es un modo de ver y vivir la vida en armonía. La cultura oriental entiende que el eje central de la felicidad se halla en el conocimiento y el entendimiento del mundo interior, dejando de lado las apariencias y el ego (en oposición a la concepción de Occidente).

Algunas de sus características:

1.- El arte: manualidades y origami (figuras de papel)

2.- La danza en grupos de mujeres (en vez de parejas)

3.- Artes marciales: combinan la defensa personal y el arte (taichi): se basan en el absoluto respeto hacia el maestro y los ancianos.

4.- Medicina preventiva: basada en lo natural como la práctica de acupuntura, flores medicinales...

5.- Cocina basada más en vegetales y poca grasa.

6.- Literatura: con un estilo estético muy refinado con 3 ideas básicas: la realidad es un constante cambio, el universo es una unidad de carácter armónico y el hombre se puede transformar asimismo mediante la búsqueda interior y alcanzar la iluminación.

7.- Escritura simbólica

8.- Búsqueda del equilibrio de cuerpo, mente y espíritu y de la felicidad mediante el autoconocimiento y la meditación.

9.- Búsqueda del equilibrio en la naturaleza

10.- Costumbres diferentes

12.7.- Los números para los chinos:

El número ocho: suena de forma parecida a la palabra "prosperar", simboliza el éxito, la riqueza y la condición social. La ceremonia de apertura de los Juegos Olímpicos de Pekín comenzó el 08.08.2008 y mucha gente paga para tener muchos ochos en la matrícula de su coche.

El número cuatro: es la versión china del 13 occidental y sería muy similar a la palabra muerte, así que en muchos edificios chinos no hay piso cuarto.

12.8.- Los colores para los chinos:

El rojo: es el color de la felicidad , el entusiasmo y la buena fortuna. Los recién casados suelen recibir regalos con envoltorios de color rojo y verás muchos faroles rojos durante el Año Nuevo China.

El verde: simboliza la vida, la paz y la vitalidad, pero no debes llevar un sombrero verde, porque significa que tu pareja te es infiel.

El amarillo: se asocia con la realiza y la liberación de las preocupaciones mundanas. Pero las películas amarillas son para adultos.

El blanco: se utiliza en los funerales y el luto y nunca los regales deben envolverse en blanco.

El negro: es el rey de los colores: simboliza el poder, el conocimiento y la justicia, pero enmarcar una foto de negro significa que la persona ha fallecido.

13.- ADMINISTRACIÓN AL MODO CHINO

Aquí reflejo un resumen del estudio realizado por Carlos Alberto Castellanos Machado ,que nos debe servir para comparar sus reflexiones con las desarrolladas a lo largo de este ensayo.

1.- La supervivencia de la empresa:

Ninguna empresa puede prosperar ni sobrevivir si se limita a permanecer inmóvil. Constantemente debe poner al día sus capacidades, conocimientos, actitudes y comportamiento. No se trata de formación, sino de educación y desarrollo en el sentido más amplio de la expresión. Es imprescindible que la empresa, en todos sus niveles, adopte con decisión, una actitud abierta para compartir información y para absolverla del exterior.

2.- En el caso de China:

Los chinos tuvieron durante milenios un sistema administrativo de orden, con un servicio civil bien desarrollado y satisfactorio.

3.- Finales de los 70 y comienzos de los 80:

China adoptó un modo de administrar la política económica que asombró al mundo, originando crecimientos del 10,2% en la economía. Fue la política de apertura de Deng Xiaoping. Se han juntado la visión de los líderes del país bajo la ideología socialista y la capacidad de crear riqueza de manera sostenible por la competitividad de su economía, basada en sus factores de producción, en su industria de base y en la competitividad de sus firmas.

En el décimo plan quinquenal se comenzó a desarrollar la política de reunir las pequeñas empresas privadas y las empresas de propiedad estatal para alcanzar la victoria sobre el último reto en pie, la internacionalización de las empresas chinas, con el objetivo de crear empresas más fuertes y capaces de competir en la arena internacional.

China ha encontrado la fórmula de conciliar la propiedad privada con la propiedad estatal y éstas a su vez, con la política de la sociedad socialista.

4.- Técnicas de administración

Las técnicas son las mismas, lo que cambia tanto en China como en EEUU o Japón es la filosofía con que se aplican, las interacciones entre directivos y subordinados, etc. Solo se tienen que vincular la administración con la vida y costumbres de las personas de cada lugar y entonces la filosofía de administración de cada territorio asumirá características particulares.

5.- Técnicas de administración al modo norteamericano

El modo de administración de empresas norteamericano tiene como característica particular la "filosofía de Quiero – Puedo", donde "quiero" significa administración por objetivos y "puedo" significa administración por resultados.

Según este método si el resultado es similar, igual o mejor que el objetivo, se recibirá un premio, en caso negativo, un castigo. En toda la trayectoria del proceso gerencial está presente el espíritu evolutivo de "ganan los mejores, pierden los peores, vivirán las personas que se adecúen al ambiente", con la medida de la competencia y el criterio de los números distingue la victoria o la derrota.

6.- Administración al tipo japonés

El modo japonés se basa en el compromiso y la identidad grupal. Su fórmula es "vivir juntos, ganar juntos". Vivir juntos significa que los trabajadores de la empresa constituyen núcleos generacionales que han participado de la vida de ésta, ganar juntos significa participar juntos del honor. Vivir y morir juntos, no solo participar del honor, también del deshonor, así crean una posición psicológica de familia y no se detienen en la individualidad.

7.- Administración al modo chino

El modo chino es una forma de "instruirse por sí mismo y acomodar a las personas". Instruirse por sí mismo significa que la persona primero tiene que saber administrarse a sí misma (se refiere tanto a los administradores como a los trabajadores), tener su propio sentido de responsabilidad y acomodar a las personas significa proporcionarles estabilidad económica y espiritual.

El modo chino es un modo dirigido al hombre, posee una orientación profundamente humana y se basa en la filosofía del TAO, en la armonización simbolizada en el Ying y el Yang.

Las tres principales direcciones de la administración al modo chino son las siguientes:

7.1.- Considerar que la persona es lo principal, todo depende del esfuerzo del hombre, de la naturaleza humana. Esa es su principal característica.

7.2.- Reunirse por las ideas, porque cuando todos tienen un objetivo común, es fácil para que se unan en su empeño.

7.3.- Resolver el problema de manera razonable es mejor que empleando la ley.

En estos tres conceptos se ilustra perfectamente la armonía que debe regir en la empresa china, la base común es la comunidad de pensamiento y el acuerdo hacia una dirección única, los conflictos son resueltos mediante leyes que aseguran la imparcialidad y el tratamiento de igualdad.

La empresa siempre trata de satisfacer las necesidades espirituales y materiales de las personas, trata de acomodarlas.

8.- Administración occidental

Considera que el trabajo es el centro y con esa forma "se busca a las personas según el asunto", ellas no son el centro, se estimula de manera desmedida la competencia y a la larga los trabajadores pueden abandonar fácilmente la empresa a la menor contrariedad o por cuestiones de dinero.

9.- La empresa para el modo chino

Cada empresa es un árbol donde la raíz es el director y los miembros de la dirección, el tronco son los responsables por departamentos y las ramas son los trabajadores.

El director y los miembros realizan la función principal y se consideran las raíces del árbol porque si una de las partes (tronco o ramas) de este no funciona bien, ellos a pesar de todo pueden seguir funcionando y por tanto pueden lograr que la empresa siga adelante.

El gerente después de elegir a los jefes de cada departamento debe permitirles prepararse para que sean cada vez mejores. Cada jefe debe ser responsable a la hora de elegir a sus ayudantes y deben dejar que realicen su función sin interferir. Mientras tanto, cada departamento debe cumplir con su cometido y no realizar lo que no le corresponda para que haya un buen funcionamiento.

10.- La administración basada en el confucionismo

Otra de las vertientes conceptuales del modo chino de administración está basada en el confucionismo, y mantiene que los actos externos deben basarse en las cinco virtudes:

1.- La bondad: es el espíritu que rige las relaciones de la empresa con sus trabajadores

2.- La honradez: permite el buen intercambio

3.- El decoro: hace respetar y ser respetado

4.- La sabiduría: ayuda a tomar decisiones acertadas

5.- La fidelidad: es la visión para el común objetivo

14.- LA MUJER EN CHINA

1.- Dinastía Zhou (1046 a 256 a.C.)

Era decididamente patriarcal, con roles sociales femenino y masculinos, determinados por una estricta jerarquía feudal. El lugar propio de la mujer estaba en el interior del domicilio y el del hombre en el exterior. Las fuentes escritas indican que se confinaba cada vez más a las mujeres.

Hasta los 9 años una niña noble podía recibir la misma educación que un niño, pero a los 10 las niñas estudiaban las Tres Obediencias (primero al padre, segundo a su marido y después a sus hijos tras la muerte del marido) y las Cuatro Virtudes.

2.- Período de los Reinos Combatientes (476 a 221 a.C.)

Los estados feudales se hicieron cada vez más independientes y poderosos por derecho propio y se enfatizó la inferioridad de la mujer frente a los hombres.

3.- Dinastía Qin (221-206 a.C.)

Las enseñanzas confucianas apoyaban la patrilinealidad y la patrilocalidad (la mujer iba a la casa del marido).

4.- Dinastía Han (206 a.C. a 220 d.C.)

Las enseñanzas confucianas dictaban que el hijo debía ser criado por la familia paterna. Un hijo recibía una parte de la propiedad familiar al alcanzar la mayoría de edad, salvo en las familias más pobres. Tanto los hombres como las mujeres debían pagar impuestos.

En 604 el emperador Yang de Sui modificó el sistema para que solo los varones pudieran tener propiedades y pagar impuestos por éstas.

5.- Dinastía Tang (618-907)

Fue la edad de oro de las mujeres, dado que varias mujeres gobernaron el Imperio Tang (emperatriz Wei, princesa Taiping, etc.). La princesa Pingyang , hija del primer emperador Tang, dirigió un ejércitod e 70.000 soldados para ayudar a la campaña de su padre. Las princesas también actuaban como embajadoras y diplomáticas de los Tang ante las cortes con las que se casaban.

Pero la época Tang también se caracterizó por una creciente percepción de la mujer como mercancía. Cualquier hombre con medios podía tener una esposa y podía comprar una o varias concubinas que debían servir a la esposa a modo de criada y sus hijos , a la muerte del marido, carecían de derecho alguno a la propiedad. Incluso había maridos que vendían a sus mujeres a los burdeles, donde eran empleadas para cantar, conversar y entretener a los clientes.

Muchas mujeres eran cultas y escribían poesías y también solían dedicarse al comercio, tejer, criar gusanos de seda, cantar, bailar, hacer acrobacias, contar cuentos y ser secretarias de funcionarios.

El sistema de impuestos Tang calculaba la cantidad adeudada al Estado por cada varón adulto, mientras que a las mujeres no se les cobraba ningún impuesto.

6.- Dinastía Song (960-1279)

El neoconfucionismo condujo a un declive de estatus de la mujer, las restricciones impuestas a las mujeres se acentuaron, y la separación se extendió a la vida familiar llevando a las mujeres al interior y a los hombres al exterior. Las mujeres no podían salir de sus casas a partir de los 10 años y no debían discutir los asuntos de los hombres en el exterior.

Zhu Xi fue acusado de creer en la inferioridad de la mujer y se consideraba impropio casarse con una viuda., lo que provocó penurias y soledad a muchas viudas. Los neoconfucianos fueron en parte responsables de tales cambios.

Las prácticas familiares en todo China se estandarizaron mediante leyes estatales patriarcales. El vendado de pies se hizo popular entre la élite, extendiéndose después a otras clases sociales. La creciente popularidad de su práctica condujo al declive del arte de la danza entre las mujeres.

7.- Dinastía Yuan (1271-1368)

El papel de la mujer en la dinastía Yuan, gobernada por los mongoles, es objeto de diversos debates. Las mujeres mongolas tenían más poder que las mujeres de la China contemporánea. Sin embargo, la sociedad mongola también era esencialmente patriarcal y, por lo general, se esperaba que la mujer sólo sirviera a su marido y a su familia.

Entre los mongoles era común el levirato, en el que un hombre se casaba con la mujer de su hermano fallecido, pero esta práctica era mal vista por los chinos Han. A principios del siglo XIII las mujeres eran despojadas de sus derechos de dote y perdían sus propiedades si abandonaban al primer marido.

8.- Dinastía Ming (1368-1644)

Durante esta dinastía las viudas castas fueron elevadas al papel de héroes culturales. La castidad de las viudas se hizo cada vez más común y la castidad se asoció con el suicidio, aumentando drásticamente los suicidios de viudas durante la era Ming.

La autoridad Ming empezó a premiar la castidad de las viudas y a las que se volvían a casar se les confiscaba la dote y los bienes de sus maridos.

9.- Dinastía Qing (1644-1912)

La posición social de la mujer durante la dinastía Qing se ha descrito como sujeta a los principios confucianos de patrilocalidad, patrilinealidad, exogamia aldeana (matrimonio con persona de otra tribu), economía agraria y división del trabajo en función de género.

Las mujeres no tenían derechos legales de propiedad, salvo en relación con sus dotes, y se limitaban a trabajos dentro del hogar, como tejer. La práctica común el vendado de pies impedía a las mujeres estar de pie o caminar.

Como en períodos anteriores, se esperaba que las mujeres acataran las Tres Obediencias. Los nombres de pila de las mujeres generalmente se desconocen; se les llamaba "la esposa de…" o "la madre de …".

Si una mujer no daba a luz en el transcurso de unos años, el marido solía tomar una concubina. Sin embargo, a diferencia del período Ming, los Qing desalentaron activamente la práctica de que las viudas jóvenes se suicidaran tras la muerte de su marido.

La Ley Qing también otorgaba a los padres autoridad absoluta sobre sus hijas, incluida la capacidad de matarlas por comportamientos que considerasen vergonzosos; sin embargo, un hombre tenía prohibido vender a esposas, concubinas o hijas solteras.

A finales de la Dinastía Qing, la emperatriz viuda Cixi ocupó efectivamente el puesto de soberana de China gobernado 47 años (de 1861 a 1908) desde detrás del trono de los emperadores que se instalaron como testaferros y promulgó en 1902 un edicto contra el vendado de pies, pero pronto fue anulado. Su práctica no comenzó a desaparecer hasta el inicio de la República de China.

Como resumen histórico, la mujer china tenía que ser callada, obediente, modesta, siempre de punta en blanco, despierta ya al alba para cocinar para la familia, comer poco, etc.

10.- Desde la República

10.1.- 1911- 1949

Partimos del confucionismo que, como doctrina, invitaba a aceptar tu lugar en el mundo, ayudando a bloquear los intentos de cambiar esta situación.

Entre 1911 y 1912 se produjo en China una revolución nacionalista que acabó con el imperio e instauró la república. Se aprobó un Código de Familia que impedía arreglar matrimonios o vender a las hijas- Se prohibió también el vendado de pies y hacia 1930 se proclamó la igualdad legal en temas como el acceso a la propiedad.

En 1927 estalló una guerra civil que no terminó hasta 1949.

10.2.- 1949 – 1979

El triunfo del comunismo en China dio un gran impulso a los derechos de las mujeres. El proyecto de Mao era, por lo menos en teoría, igualitarista y ambicionaba la emancipación de las mujeres.

Se legisló sobre el matrimonio y el divorcio para que se produjeran en condiciones de igualdad, con una Ley Matrimonial de 1950, modificada en 1980 para prohibir prácticas que seguían dándose en zonas rurales como el pago por novia, el excrex (donación de un cónyuge a otro), que todavía no ha desaparecido en zonas remotas.

Se prohibió el concubinato, la práctica de tener una segunda mujer, común entre la aristocracia pudiente, aunque ahora sigue siendo habitual entre señores ricos. El comunismo legalizó el aborto y promovió la incorporación de la mujer al trabajo, que sigue siendo muy alta a día de hoy.

10.3.- 1979 en adelante

Se decidió una política radical que todos conocemos, que es la famosa política del hijo único, que obligaba a todos los chinos de la etnia HAN, aunque no a otras. Se suponía que ello favorecería la emancipación de la mujer quien ya no tendría que dedicar tanto tiempo ni dinero a la crianza. Para empezar, fue clasista, porque los ricos y la gente con poder podía permitirse pagar las multas por tener más hijos.

Aumentaron fenómenos terribles como el aborto selectivo, el infanticidio femenino o el abandono de niñas. El Gobierno chino hacinó en orfanatos a las criaturas y las dio masivamente en adopción a matrimonios occidentales de forma corrupta.

10.4.- China hoy

Actualmente hay 33millones más de hombres que de mujeres en China y ahora hay mucha población anciana y poca población joven para reemplazarla laboralmente y sostener el sistema.

Un concepto peligroso es el "mujeres sobrantes", mujeres de más de 25-27 años que no están casadas y no han tenido hijos. Los medios de comunicación se dedican a estigmatizar a estas mujeres y meterles presión para que se casen y formen familia.

Está muy interiorizado en la sociedad china que la mujer debe casarse hacia arriba y el hombre hacia abajo. Es decir, las mujeres deben casarse con hombres de mayor estatus, lo que refuerza esa posición de sometimiento al marido, y viceversa. Se está dando cada vez más el fenómeno del matrimonio con extranjeros.

Incluso el aborto se ponen más trabas a mujeres solteras o sin criaturas para abortar, que a las que ya tienen hijos. Incluso se ha aprobado una nueva ley que intenta dificultar un poco más el divorcio y que obliga a un período de "enfriamiento" de 30 días después de solicitarlo hasta que se pueda hacer efectivo.

10.5.- ¿La mujer en el poder?

Las mujeres son el 24,9% en la Asamblea Nacional y menos del 10% entre los altos cargos del país. Y solo hay una mujer entre los 25 miembros del Politburó, que es el principal órgano directivo del PCCh.

Sólo el 17,5% de las empresas chinas son dirigidas por mujeres.

Pero hay que tener en cuenta que China es el sexto país más igualitario del mundo en cuanto a salarios percibidos por trabajos similares.

Autores consultados y analizados, entre otros

Daron Acemoglu
Guillermo Abril
Zigor Aldama
Andrés Allende
Joaquín Aramberri

Lluís Bassets
Josep Borrell
Axel Botte

Santiago Carbó
Carlos Alberto Castellanos Miranda
Morris Chang
Amy Chua
Corea IPCT
Adela Cortina

Alicia García Herrero
Miguel García Vega
Goldman Sachs Asset Management
Claudio F. González
Rory Green
Mariana Guerenstein

Yuen Yuen Hang
Yuval Noha Hariri
Evelyn Huang

José Antonio Jaúregui

Henry Kissinger
Paul Krugman

Pierre Levy
Úrsula van der Leyen
Antón Luna

Amín Maalouf
Kishore Mahabubani
Branco Milanovic

Piedad Oregui
Javier Otaola

Thomas Piketty

Rios, Xulio
Dani Rodrick
Kenneth Rogoff

Carlos Manuel Sánchez
David L. Shambaugh

Ai Weiwei
John Woods